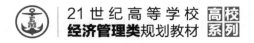

人力资源管理理论、方法、工具、实务系列教材

薪酬管理

——理论、方法、工具、实务

Theories, Methods, Tools, Practices

微课版 第2版

ECONOMICS
AND
MANAGEMENT

人民邮电出版社

北 京

图书在版编目（CIP）数据

薪酬管理：理论、方法、工具、实务：微课版 /
赵曙明，赵宜萱主编. -- 2版. -- 北京：人民邮电出版
社，2019.6（2023.7重印）
21世纪高等学校经济管理类规划教材. 高校系列
ISBN 978-7-115-49536-5

Ⅰ. ①薪… Ⅱ. ①赵… ②赵… Ⅲ. ①企业管理－工
资管理－高等学校－教材 Ⅳ. ①F272.923

中国版本图书馆CIP数据核字(2018)第227904号

内 容 提 要

本书共 11 章，包括薪酬管理概论，薪酬体系的设计方法，工作分析与岗位评价，薪酬诊断与市
场调查，薪酬制度体系的设计方法，不同岗位薪酬体系的设计方案，津贴、补贴、福利与奖金的设
计方法，绩效薪酬制度的设计方法，宽带薪酬的设计方法，战略性薪酬体系的设计方法，薪酬调整、
薪酬谈判与国际化薪酬管理。

本书可作为大学本科、高职高专院校人力资源管理专业的教材，同时也适合企业经营管理者、
人力资源管理人员、咨询师、培训师阅读和使用。

◆ 主　　编　赵曙明　赵宜萱
　　责任编辑　孙燕燕
　　责任印制　焦志炜

◆ 人民邮电出版社出版发行　　北京市丰台区成寿寺路 11 号
　邮编　100164　　电子邮件　315@ptpress.com.cn
　网址　http://www.ptpress.com.cn
　固安县铭成印刷有限公司印刷

◆ 开本：787×1092　1/16
　印张：12.75　　　　　　　　　2019 年 6 月第 2 版
　字数：310 千字　　　　　　　 2023 年 7 月河北第 4 次印刷

定价：42.00 元

读者服务热线：(010)81055256　印装质量热线：(010)81055316
反盗版热线：(010)81055315
广告经营许可证：京东市监广登字20170147号

总 序 Preface

　　全面数字化的世界正在改变着人们的生活和工作方式，同时深刻影响着企业的运营方式，这些改变促使企业的人力资源管理模式发生相应改变。这就要求我们面对新形势，站在新高度，确立新思维，加强对人力资源管理新的理论知识的学习和研究，特别是要重视对人力资源管理方法和工具的掌握与运用，以适应新形势下企业竞争和发展的需要。

　　人民邮电出版社出版的"人力资源管理理论、方法、工具、实务"系列教材，在系统阐述人力资源管理理论的基础上，围绕招聘、甄选与录用，绩效管理，薪酬管理，人员培训与开发和人才测评五大业务职能，按照"专业理论系统化，操作方法简便化，操作工具灵活化，管理实务精细化"的编写思路进行编写，既突出了人力资源管理理论的系统性，又强化了人力资源管理方法和工具的运用，增强了可操作性和应用性。

　　本系列教材现已编写出版6本，包括《人力资源管理——理论、方法、工具、实务（微课版 第2版）》《招聘、甄选与录用——理论、方法、工具、实务（微课版 第2版）》《人员培训与开发——理论、方法、工具、实务（微课版 第2版）》《绩效考核与管理——理论、方法、工具、实务（微课版 第2版）》《薪酬管理——理论、方法、工具、实务（微课版 第2版）》《人才测评——理论、方法、工具、实务（微课版 第2版）》，其内容覆盖了人力资源管理理论与方法的方方面面。

　　《人力资源管理——理论、方法、工具、实务（微课版 第2版）》一书，系统介绍了人力资源管理的核心概念、基本原理、技术方法和管理实践中的重点、难点，既引进了国外先进的人力资源管理理念和知识体系，又总结了我国企业人力资源管理的实践经验和经典案例，非常贴近现阶段我国企业人力资源管理的实际。

　　招聘、甄选与录用是人力资源管理链条中的第一个环节，是人员入口关的把控环节。在《招聘、甄选与录用——理论、方法、工具、实务（微课版 第2版）》一书中，既有对招聘规划准备、甄选技术、录用评估等若干具体招聘环节的详细阐述，又有关于公职人员招聘与录用技能训练的案例，以帮助人力资源管理人员科学鉴别、选择和录用适合企业发展需要、有发展潜质的人才。

企业通过培训向员工传授与工作相关的知识和技能，通过发掘员工的潜能以提高其终身就业能力。《人员培训与开发——理论、方法、工具、实务（微课版 第 2 版）》围绕需求分析、计划、运营、评估等主题，详细阐述了需求调查、课程设计、培训外包等方面的内容，以实现企业和员工的共同发展。

绩效管理是把企业内的组织管理与成员管理高效结合起来的一种考核体系，是企业人力资源管理中的一项重要职能。在《绩效考核与管理——理论、方法、工具、实务（微课版 第 2 版）》一书中，既有绩效考核的目标、指标、方法、制度的设定以及绩效与薪酬等各个细节的阐述，又提供了各岗位和业务人员绩效考核实务操作演练方面的案例，避免了人力资源管理人员孤立、片面、静止地看待绩效管理而使企业绩效管理陷入机械、僵化的陷阱的风险。

薪酬管理是企业激励机制的核心，是企业吸引和保留人才的重要支撑。在《薪酬管理——理论、方法、工具、实务（微课版 第 2 版）》一书中，既详述了薪酬管理的基础及前提工作中工作分析、评价、诊断、调查等各方面的细节，又提供了包括制度体系在内的七大薪酬福利设计方法等，以帮助人力资源管理人员有效解决在企业薪酬管理中遇到的困惑。

在人力资源管理工作中，找到合适的人才并达到"人事相宜、岗职相配"是十分重要的。《人才测评——理论、方法、工具、实务（微课版 第 2 版）》一书以人才测评指标标准的建立和体系设计为基础，运用科学的工具和方法对人才进行测评，指导人力资源管理人员对人员素质做出准确的评价和预测，以让优秀人才、合格人才、合适人才为企业所用。

总之，这套"人力资源管理理论、方法、工具、实务"系列教材，通过对人力资源管理，招聘、甄选与录用，人员培训与开发，绩效管理，薪酬管理和人才测评等进行介绍，可以为读者从事人力资源管理工作提供全方位的指导。

南京大学商学院名誉院长、资深教授、博士生导师

赵曙明 博士

2018 年 7 月 1 日于韩国 SolBridge 国际商学院

前 言 Foreword

仓廪实而知礼节，衣食足而知荣辱。在日益激烈的市场竞争环境中，以薪酬管理为核心的激励机制是企业获取竞争优势的重要工具。企业需要构建对外具有竞争力、对内具有公平性、对员工具有激励性、对成本能够进行有效控制的薪酬管理系统，同时，薪酬管理还必须符合法律法规的有关规定和要求。

那么，企业应该建立什么样的薪酬分配体系？采用什么样的技术方法将薪酬与员工的贡献和能力挂钩？企业如何进行薪酬变革？如何依靠富有吸引力的薪酬来提高企业吸引、保留和激励人才的能力？薪酬管理的方法、工具又该如何选择？如何运用这些方法和工具才能体现其适用性、实用性，并最大限度地控制成本？对于这些问题的回答正是编写本书的出发点和落脚点。因此，为全面贯彻党的教育方针，编者在深入学习党的二十大报告的基础上，结合对上述问题的解答编写了本书。

本书主要有以下 4 个方面的特点。

（1）理论体系：用知识导图形式展现每章的知识结构。本书每章开篇均以特色设计的树枝状知识导图展现该章的内容，使整章的内容逻辑更为清晰，使读者能够直观地把握整章的知识框架。

（2）方法工具：操作简便，拿来即用。一般来说，方法和工具都是从工作经验中经过抽象和升华提炼出来的，是达成工作目标的手段与行为方式。本书中提供的方法和工具既有理论模型和业务流程，也有实施步骤和操作技巧，可方便读者"拿来即用"。

（3）实务内容：本书不仅提供了薪酬管理工作中的实用技巧、解决方案，还在每章后面设计了实践性极强的"技能实训"栏目，供读者进行演练，从而为读者搭建一座理论与实践紧密相连的桥梁，以指导读者更规范、更高效地完成相关工作。

（4）体例编排：做到了实用性和创新性的有机结合。本书体例编排新颖且贴近教学："微课"为教师提供了丰富的教学资源；"微课堂"便于师生在课堂上进行互动交流，有助于读者对知识点的掌握；"复习与思考"意在对一个阶段所学知识进行概括和总结，起到对已学知识巩固、加深的目的。此外，人力资源管理人员除了需要掌握必要的知识技能外，还需要了解人力资源管理领域的前沿动态。对此，本书设置了"知识链接"栏目，便于扩大读者的专业视野。

赵曙明教授和赵宜萱博士担任这套人力资源管理系列教材的主编，本书是该系列教材中的一本。在本书的编写过程中，编者参阅了国内外多位专家、学者关于人力资源管理的著作或译著，也参考了同行的相关教材和案例资料，在此向他们表示崇高的敬意和衷心的感谢。

编　者
2023 年 6 月

目 录 Contents

【本章知识导图】

薪酬管理概论

薪酬概述
- 薪酬的概念、形式与作用
- 工资的基本知识

薪酬管理概述
- 薪酬管理的概念
- 薪酬的测算
- 薪酬的预算
- 薪酬的调整
- 薪酬的控制

【学习目标】

职业知识	了解薪酬管理及工资的内容
职业能力	● 能够分析工作等级的考虑因素，进行工资等级设计 ● 灵活运用薪酬控制方法，对薪酬费用总额进行有效的控制
职业素质	具备优秀的概括总结能力与分析能力

1.1 薪酬概述

1.1.1 薪酬的概念、形式与作用

1. 薪酬的概念

不同国家、不同学者对薪酬内涵的理解各不相同。美国著名薪酬管理专家米尔科维奇从价值交换的角度将薪酬界定为，雇员作为雇佣关系中的一方所得到的各种货币收入及各种具体的服务和福利的总和。约瑟夫·J.马尔托奇奥把薪酬作为激励员工的一种重要手段和工具，他认为薪酬是雇员因完成工作而得到的内在和外在的奖励。

本书将薪酬（Compensation）定义为，企业根据员工完成的工作任务、所做的贡献或者业绩大小，将其作为回报提供给员工的货币、实物和福利、服务等的总和。根据支付形式不同，薪酬分为两大部分：一部分是直接货币报酬形式，包括基本工资、奖金、津贴、加班费、佣金、利润分红等；另一部分则体现为间接货币报酬形式，如社会保险、休假、旅游、培训等。

对企业而言，企业支付给员工的工资不仅是企业管理成本的一部分，更是人力资源投资的重要组成部分。薪酬激励的效果关系到企业能否吸引并留住优秀人才。员工个人利益与企业长期利益的有机结合，可对员工的行为和态度产生重要影响，从而推动企业战略目标的实现。

对员工来说，收入的高低不仅影响个人的日常生活水平，而且是个人能力、社会地位的一种象征。可见，薪酬不仅能够满足员工基本物质的需求，而且日益表现出它对精神需求的满足功能，具体体现在经济保障功能、获得安全感、心理激励和社会认可方面。

薪酬对社会的功能体现在对人力资源的优化和再配置方面。薪酬作为劳动力价值的信号，调节着市场劳动力的流向以及劳动力数量、质量和结构的供给与需求平衡。同时，薪酬也体现了对职业和岗位的评价，影响着人们择业和就业的意愿。

2. 薪酬的形式

薪酬的形式包括以货币形式支付的工资（包括基本工资、绩效工资、奖金工资等）以及以福利和服务（包括社会保险、公积金、带薪休假等）形式支付的薪酬。

一般来说，薪酬主要包括4种形式，即基本工资、绩效工资、激励工资、福利工资和服务，如表1-1所示。

表 1-1	4 种常见的薪酬形式
薪酬的形式	解 释 说 明
基本工资	因为完成工作而支付的正常工资，往往受社会生活水平的影响较大，与已完成的结果没有直接关系
绩效工资	绩效工资是作为基本工资之外增加的一部分，与员工已完成的工作结果和过程行为有着直接关系，随员工业绩完成效果的提高而增加
激励工资	激励工资是与员工工作业绩直接相关的，一般可采用长期激励（如股票、期权、红利等）和短期激励（如奖金、提成等）
福利工资和服务	福利工资和服务是指休假、服务和各种生活保障，占据个人薪酬总额中较大的一部分

要点提示：（1）激励工资与绩效工资两者的激励时间不同，激励工资侧重于以工资的支付方式来影响员工将来的行为，而绩效工资侧重于对员工已完成工作的认可；（2）绩效工资通常是永久性地与基本工资一同核算发放的，而激励工资往往一次性支付。

3. 薪酬的作用

薪酬是促进和发挥企业员工的工作积极性，使其将个人目标与企业目标有机结合起来的一种重要形式，合理的薪酬标准的作用有以下几点。

（1）经济保障作用。薪酬是员工为企业提供劳动而获得的报酬，是员工满足基本生活需要的保证。

（2）激励作用。薪酬的激励作用主要是通过福利、奖金等形式体现的。薪酬在为员工提供衣食住行费用的同时，也为员工发展个人业余爱好、追求更高层次的需求提供了条件。此外，薪酬在一定程度上体现了企业对员工工作的认可和肯定。

（3）吸引外部优秀人才，留住企业优秀员工。一个成功的企业离不开优秀的员工。员工在工作中获得自身利益的同时，也为企业创造了价值。企业提供具有竞争力的薪酬，可以吸引更多的人才加入企业中来，同时也可以留住内部优秀员工。

1.1.2 工资的基本知识

1. 工资的概念

工资是企业依据国家相关法律法规，以货币形式直接支付给本企业员工的劳动报酬。它一般包括计时工资、计件工资、奖金、津贴和补贴、加班工资以及特殊情况下支付的工资等。

与薪酬的定义相比较，工资是与岗位紧密结合的，工资支付项目比较固定，没有多少灵活性。而薪酬的范畴比工资要大，薪酬是与绩效管理紧密结合的，是与个人激励与团队激励相结合的，是与短期、中期、长期激励相结合的。薪酬的构成和发放办法与企业的发展战略紧密联系，是企业实行现代化管理的一个有效工具，体现的是企业目标的完成和业绩的激励。

薪酬包括企业提供的各种福利项目，而工资不包含福利项目。对于普通员工来说，薪酬基本上就等于工资。但是，员工的职位越高，薪酬与工资的差距就越大，因为与工资相比，薪酬包含了更多的长期激励的内容。

在我国，由企业承担或者支付给员工的社会保险费、劳动纠纷中的补偿、劳动保护费、计划生育费用、福利费等费用不属于工资项目。

在政治经济学中，工资本质上是劳动力的价值或价格。工资是生产成本的重要组成部分。法定最少数额的工资叫最低工资。工资也有税前工资、税后工资、奖励工资等各种划分。

2．工资差别的成因

在不同的地区、行业、企业、岗位之间，工资存在着一定差别。工资差别是指劳动要素供给者之间在要素服务收入数量方面的差别和相互关系。它主要包括 5 个方面，如表 1-2 所示。

表 1-2　　　　　　　　　　　　引起工资差别的原因

工资差别原因	具 体 说 明
产业间的工资差别	因各种产业垄断性或市场竞争程度不同，造成不同产业之间工资水平存在着一定差别
职业间的工资差别	劳动者做不同的职业均存在着其自有的不利特征，由此产生的工资差别叫作补偿性工资差别 其基本点在于，当工作的非货币性特征不均等时，通过工资差别使就业的总体条件均等。在这种条件下，相同的工资率实际上是不平等和不公正的
地理上的工资差别	各地区经济发展水平不一样，劳动力市场供求、物资资本、人力资本、市场竞争程度等各种因素造成了各地区之间的工资差异
年龄、性别、种族因素	年龄、性别和种族上的工资差异
个人因素	劳动者个人之间的工资差异

英国古典经济学家亚当·斯密（Adam Smith）及大卫·李嘉图（David Ricardo）认为，造成不同职业和雇员之间工资差别的主要原因是职业性质和工资政策。其中，职业性质对工资差别影响的 5 个途径如下。

（1）使劳动者的心理感受不同：有的职业让人愉快，有的职业让人厌烦。

（2）掌握职业要求的难易程度不同：有的职业很容易学习和掌握，有的很难。

（3）职业的安全程度不同：有的职业风险大，安全系数低；有的职业没风险，十分安全。

（4）承担的责任不同：有的职业承担的责任大，有的则很小。

（5）成功的可能性不同：有的职业容易成功，有的职业容易失败。

他们认为，那些使劳动者不愉快、学习成本高、不安全、责任重大、失败率高的职业，要付给高工资。

3．工资的形式

工资的形式包括基本工资、奖金、津贴与补贴。

（1）基本工资。基本工资是用人单位按照规定的工资标准，以货币形式根据劳动者的实际劳动数量和质量支付给劳动者的报酬，是劳动者所得工资额的基本组成部分，属于比较稳定的工资形式。

（2）奖金。奖金是超额劳动报酬。超额劳动是劳动者付出的超过定额劳动以外的劳动，同时也包括劳动者节约物料、提高生产质量、保证安全生产等多付出的劳动。奖金是工资的一种辅助形式，用以补充基本工资的不足。奖金具有单一性和灵活性的特征。

（3）津贴与补贴。津贴与补贴是标准工资之外的劳动报酬，是对劳动者在特殊劳动条件下或工作环境下所从事的特殊劳动，以及特定条件下额外生活费的支出给予合理的补偿的一种工资形式。一般把生产性质的补偿报酬叫作津贴，把生活性质的补偿报酬叫作补贴。

4．工资的等级设计

工资等级是工作技术（业务）水平和员工劳动熟练程度的标志。企业在进行工资等级确定前，首先，需要进行职位价值评估；其次，根据各职位评估的结果将各职位按照一定的顺序进行排列，从而得出职位等级；最后，企业根据每个职位上的工资水平预算结合已设计好的薪酬结构进行工资等级划分，把工资水平相近的归为一组，就可以得出不同等级的工资。

进行工资等级设计需要考虑 3 大因素，即工资级差、工资浮动幅度以及等级重叠度。

（1）工资级差是指不同等级之间工资相差的幅度，它既包括相邻两个等级之间的幅度差别，也包括最高等级与最低等级之间的工资幅度差别。

（2）工资浮动幅度是指在同一工资等级中，最高档次工资水平与最低档次工资水平之间的工资差距，也可以指中间档次的工资水平与最低档次或最高档次之间的工资差距。

（3）等级重叠度是指相邻的工资等级浮动幅度在数值上的交叉程度。

5．工资的测算方法

因企业性质、发展阶段、经营状况、支付能力等不同，企业可采用相应的工资测算基准。工资测算后的数据变化能直接地反馈出工资总额增量发生的变化情况、同层级员工工资发生的变化情况、各员工工资结构发生的变化情况等。工资测算可以避免企业盲目地涨工资。

工资测算的内容主要包括以下 7 个方面。

（1）企业往年的工资总额和每个员工的工资福利水平。

（2）企业往年的工资总额占企业销售总收入和总成本的比例。

（3）企业往年的工资总额中各组成项目总额分别占工资总额的比例。

（4）企业计划工资调整后，工资总额和每个员工的工资福利水平。

（5）企业计划工资调整后，工资总额支付占企业销售总收入和总成本的比例。

（6）企业工资调整前后的级差额度。

（7）企业计划选用的工资制度或工资结构所决定的各组成项目总额及占工资总额的比例。

总之，在获得以上数据的基础上，结合企业的人力资源战略规划、企业的财务状况及企业的经营战略规划进行综合分析，可得出具备市场竞争力的企业工资水平和企业较能接受的工资总额。

【微课堂】

假如你将在某企业实习，你觉得实习薪酬的高低对你是否重要？结合所学，谈谈你对实习薪酬的认识。

1.2 薪酬管理概述

作为企业人力资源管理的重要工作之一，薪酬管理对于企业经营管理来说其重要性不言而喻。科学合理的薪酬管理不仅能合理控制企业的人力资源成本，而且能有效地促进人力资源投资的升值及企业经营目标的达成。

1.2.1 薪酬管理的概念

薪酬管理是指企业在组织发展战略的指导下，对员工薪酬支付原则、薪酬策略、薪酬体系、薪酬水平、薪酬结构、薪酬构成等进行确定、分配和系统调整的动态管理过程。

1. 薪酬管理的功能

薪酬管理的功能主要体现在以下6个方面。

（1）科学的薪酬管理能有效地控制企业的人工成本。

（2）科学的薪酬管理能有效地促进员工绩效的提高，提高员工工作的积极性。

（3）合理的薪酬管理能促进员工知识积累和技能提高。

（4）合理的薪酬管理能构建和谐的组织气氛，创造良好的工作环境。

（5）科学的薪酬管理能促进员工个人目标与企业目标的有机结合。

（6）科学的薪酬管理能有效促进员工稳定性，实现企业对优秀人才的吸引力。

2. 薪酬管理的原则

科学合理的薪酬管理一般应遵循6大原则。

薪酬管理的原则

（1）公平性原则。薪酬的公平性体现在3个方面，即外部公平性、内部公平性和自身公平性。外部公平性是指薪酬与劳动力市场上同行业、同岗位的员工之间薪酬水平具有可比性。内部公平性是指企业内部员工之间的薪酬水平，应能体现员工个人能力大小以及为企业带来的价值大小等，内部公平性影响了企业内部员工之间的合作关系。员工自身的公平性主要是考虑到员工的工资收入等应与个人给企业带来的价值大小直接呈正相关，让员工有满足感。

（2）竞争性原则。该原则主要针对外部薪酬市场水平。企业只有支付符合劳动力市场水平的薪酬，确保企业的薪酬水平与类似行业、类似企业、类似岗位的薪酬水平相当；同时，关注竞争对手采取的薪酬策略和薪酬水平情况，才能吸引并留住优秀的人才。

（3）激励性原则。各岗位员工的薪酬应与员工的绩效直接相关，且具有一定的差距。不同等级的员工之间薪酬水平也应该适当拉开差距，以促进员工努力工作的积极性，体现薪酬的激励作用。

（4）平衡性原则。人力资源成本也是企业薪酬管理的重要工作内容之一，企业实施的薪酬管理不仅要体现薪酬水平的对外竞争性，还应该考虑到企业的承受能力，合理控制人力资源成本的无限制增长。

（5）成本控制性原则。企业还应当充分考虑自身的财务实力和实际支付能力。科学合理的薪酬管理要求企业对人工成本进行必要的控制。

（6）合法性原则。企业薪酬管理的制度规定必须符合国家相关的政策和法律、法规，例如国家对最低工资标准的规定，以及工作时间要求、延长工作时间的劳动报酬支付标准，社保、住房公积金缴纳标准，经济补偿金和年底工资指导线要求等。

1.2.2 薪酬的测算

企业在进行薪酬水平设计或薪酬调整时，均需要结合企业人工成本总额预算及各岗位人才市场人才供给的情况所决定的薪酬水平，对企业各岗位的薪酬额度进行相应的科学合理的测算。

所谓薪酬测算，就是通过科学的计算方法，对薪酬调整后的一种预期性结果的科学分析过程。薪酬测算的目的是保证企业的薪酬总额及薪酬水平能更加符合企业的实际情况，同时又能保证在劳动力市场上具备一定的竞争性。通过薪酬测算，企业能对薪酬调整的总体额度进行合理控制，进而较准确地确定各岗位薪酬的调整幅度。

1.2.3 薪酬的预算

薪酬预算是一种定量的控制计划，是指管理者在薪酬管理过程中进行的一系列成本开支方面的权衡和取舍。准确的预算，可保证企业在未来一定周期内的薪酬支付受到一定程度的协调和控制。

基本工资预算是企业战略决策过程中的一个关键程序。企业在进行经营决策时必须把企业的市场经营状况、本企业经营状况、人力资源成本控制等因素结合起来进行考虑。基本工资预算也是确保薪酬成本不超出企业承受能力的必要手段。

1.2.4 薪酬的调整

企业在薪酬执行过程中，经常会出现一些薪酬制定不符合现实情况或执行不理想的情形，因此要不断地对其已有薪酬进行调整。

企业薪酬调整的合理与否，决定了薪酬调整对员工激励作用的大小。因此，企业在进行薪酬调整前应全面收集资料、调查了解，有针对性地去调整薪酬水平或薪酬结构。企业的薪酬调整包括 5 个方面的内容，如表 1-3 所示。

表 1-3　　　　　　　　　　　　　　薪酬调整的内容

调整内容	具 体 说 明
薪酬水平调整	（1）薪酬水平调整包括整体薪酬水平和个别岗位薪酬水平 （2）薪酬水平不仅会随着劳动力市场上社会生活水平的提高而提高，还会随着劳动力市场上各类人员的供给情况而变化。因此，在调整薪酬水平时，企业不仅应考虑其整体薪酬水平与市场上的薪酬水平之间的差距，还要考虑某些紧缺性岗位薪酬水平的竞争力

调整内容	具 体 说 明
薪酬结构调整	薪酬结构调整是指调整薪酬的各个组成项目。随着企业经营状况的不断发展，原有组成结构不能很好地支撑和适应企业的日常运营，因此，企业要根据不同的发展阶段进行相应的薪酬结构调整
薪酬比例调整	（1）企业的薪酬一般由固定部分和浮动部分组成，薪酬比例调整也就是在这两部分所占比例的大小上进行重新定位 （2）薪酬比例要根据企业的不同发展阶段进行相应的调整，以适应企业发展的需要。企业在薪酬比例调整中，需重新发现员工激励的最佳平衡点
薪酬差距调整	（1）企业内不同等级的员工薪酬水平应存在一定的差距，以区别各岗位人员给企业带来的价值大小、各岗位人员的技能水平和业绩水平 （2）薪酬水平的公平性都是相对的，而薪酬差异化则是绝对的。随着各岗位人员的业绩及技能水平的不断增长，各岗位之间的薪酬差距也应该有相应的调整，以保证员工对薪酬的满意度以及对企业的认可度和归属感
薪酬综合调整	（1）薪酬综合调整是指薪酬组成的各个因素均需要采取相应的调整措施 （2）在进行这类调整时，既要考虑到社会因素的影响，又要考虑到企业所处的特殊发展阶段、员工的劳动力市场供应情况及企业内部员工的公平性问题

企业在进行薪酬调整时，应积极进行市场薪酬水平调查及内部员工薪酬满意度调查，全面了解企业内外部薪酬实施情况，以减少企业薪酬调整带来的负面影响。只有这样才能保证企业薪酬政策能够持续有效地支持企业战略目标的实现。

1.2.5 薪酬的控制

企业的薪酬控制主要是指对薪酬费用总额的控制，目的是避免因薪酬过快增长而导致超出企业实际支付能力情况的发生。薪酬控制的常用工具一般有通过员工数量和工时来控制、通过薪酬结构调整和薪酬水平调整来控制、通过薪酬技术进行潜在的薪酬控制3种。

（1）通过员工数量和工时控制薪酬。它通常包括控制员工的聘用数量和用工时数。控制员工数量是指长期保留核心员工，而对于非核心员工来说，则根据企业的经营特点建立短期用工机制。控制用工时数实现薪酬控制，即通过控制员工实际工作的时间来进行薪酬费用控制，但此方法的应用应建立在符合国家相关法律法规规定的基础上。

（2）通过薪酬结构调整和薪酬水平调整来控制薪酬。其具体操作如表1-4所示。

表1-4　　　　　　　　　　　　通过薪酬结构调整和薪酬水平调整薪酬的控制方法

控制类型	控制方法	详 细 说 明
薪酬水平调整	薪酬冻结	薪酬暂时冻结是为了稳定员工的情绪，增加企业实力；节省下来的资金可用于企业再生产或者开辟新的销售渠道，可用于短期的薪酬控制
	延缓提薪	延缓提薪是指暂时推迟一段时间再给应加薪的员工加薪，采用此方法应该事先与员工沟通好
	控制间接薪酬支出	控制或压缩企业的福利费用，避免直接控制工资给员工带来的负面影响
薪酬结构调整	控制可变薪酬支出	采用此方法的前提是，企业的薪酬组成中既有固定部分，也有可变部分；企业可通过对可变部分的控制，来实现对薪酬总额的控制

（3）通过薪酬技术进行潜在的薪酬控制。企业可以通过工作评价、薪酬调查、薪酬结构、宽带薪酬、最高最低薪酬水平控制、成本分析、薪酬比例比较等薪酬技术手段，来改善薪酬成本控制工作。

【微课堂】

A公司需对公司的薪酬水平进行调整，人工成本预算总量增加14%左右，基本工资调整为 10%～18%，奖励性和工龄性工资暂不调整。请你为A公司做一份薪酬调整工作计划。

复习与思考

1. 什么是薪酬管理？
2. 请简述薪酬的作用。
3. 请简述工资的测算方法。
4. 企业薪酬测算的目的是什么？
5. 请简述薪酬调整时应遵循的原则。

知识链接

精神薪酬的"理论来源"

"精神薪酬"（Psychological Reward）是近年来比较"热"的一个词。它作为一个新的薪酬模块，备受学界和业界人士的关注。

精神薪酬来源于对员工心理的关注。1924 年，梅奥（George Elton Mayo，1880—1949）的"霍桑工厂实验"发现员工的生产效率会受心理因素的影响。1943 年，马斯洛的"需求层次理论"第一次从理论上证明了精神激励的重要性。1959 年，赫茨伯格（Fredrick Herzberg，1923—2000）提出"双因素理论"，也进一步验证了精神激励的重要性。

第2章 薪酬体系的设计方法

【本章知识导图】

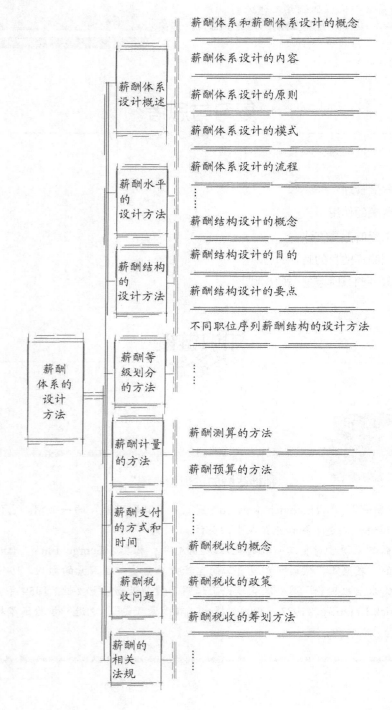

【学习目标】

职业知识	掌握薪酬体系设计内容
职业能力	● 灵活运用自上而下、自下而上的方法进行薪酬预算 ● 能够掌握、运用薪酬的法律法规，合理避税
职业素质	具备优秀的设计能力、计算能力与分析能力

2.1 薪酬体系设计概述

薪酬体系设计是全面薪酬管理理念的体现，其设计包括外在薪酬和内在薪酬两部分在内的可操作性的、全面系统的薪酬体系。它需要确定企业的薪酬水平、薪酬结构、薪酬等级，并明确薪酬的计量方法、支付方式、薪酬税收筹划，以及符合薪酬相关法律法规的规定要求。

2.1.1 薪酬体系和薪酬体系设计的概念

薪酬体系是企业人力资源管理系统的一个子系统。它向员工传递了企业中的价值取向，并且为向员工支付报酬建立了政策和程序。

薪酬体系主要由外在薪酬和内在薪酬两部分构成。外在薪酬包括直接货币收入（如工资、奖金、津贴、补贴、分红、股票期权等）和间接货币收入（如各种福利、培训、保险、带薪假、旅游等）。内在薪酬包括工作本身给员工带来的满足感（如快乐、荣誉、成就感、权力、参与等）和工作环境给员工带来的满足感（如工作条件、工作氛围、公司文化、同事间的友情等）。

薪酬体系设计是指企业在薪酬体系构建过程中，对薪酬体系中的各个构成因素分别采取科学的方法去收集、获取并统计、分析相关资料、数据，以使薪酬体系的各个构成因素均有存在的意义和价值的一个过程。设计良好的薪酬体系直接与企业的战略规划相联系，从而使员工能够把他们的努力和行为集中到帮助企业在市场中竞争和生存的方向上去。薪酬体系的设计应起到补充和增强其他人力资源管理系统的作用，如人员选拔、培训和绩效评价等。

2.1.2 薪酬体系设计的内容

企业在进行薪酬体系内容设计时应重点考虑以下因素，如表 2-1 所示。

表 2-1　　　　　　　　薪酬体系设计时应重点考虑的因素一览表

重 点 因 素	具 体 说 明
薪酬定位	以岗定薪还是以人定薪
薪酬水平	整体水平与局部水平
薪酬差距	外部差距与内部差距
薪酬名义	各薪酬组成项目及设计此项目的原因
薪酬结构	单一薪酬结构还是全面薪酬结构
薪酬发放时间	实施月度、季度还是年度发放薪酬

续表

重 点 因 素	具 体 说 明
薪酬发放方法	结合绩效考核发放薪酬还是固定薪酬
变动与固定的比例	各组成部分的比例分别是多少

企业在明确了以上因素后再展开薪酬体系设计，具体设计内容包括薪酬调查、确定薪酬原则和策略、工作分析等。

1. 薪酬调查

薪酬调查是薪酬设计中的关键环节。它解决的是薪酬的对外竞争力和对内公平问题，是整个薪酬设计的基础。只有实事求是的薪酬调查，才能使薪酬设计做到有的放矢，才能解决企业薪酬激励的根本问题。

通常，企业薪酬调查需要了解表 2-2 所示的内容。

表 2-2 　　　　　　　　　　　企业薪酬调查的内容一览表

薪酬调查角度	具 体 说 明
企业薪酬现状调查	通过科学的问卷设计，从薪酬水平的 3 个公正（内部公平、外部公平、自我公平）的角度了解现有薪酬体系中的主要问题及造成问题的原因
薪酬水平调查	薪酬水平调查主要收集行业和地区的薪资增长状况、不同薪酬结构对比、不同职位和不同级别的职位薪酬数据、奖金和福利状况、长期激励措施以及未来薪酬走势分析等信息
薪酬影响因素调查	综合考虑薪酬的外部影响因素，如国家的宏观经济、通货膨胀、行业特点和行业竞争、人才供需状况；以及企业的内部影响因素，如盈利能力和支付能力、人员的素质要求及企业发展阶段、人才稀缺度、招聘难度

2. 确定薪酬原则和策略

在充分了解企业目前薪酬管理状况的基础上，确定薪酬分配的依据和原则，以此为基础确定企业薪酬分配的有关政策与策略。薪酬分配原则和策略的确定是企业薪酬设计后续环节的前提。例如，不同层次、不同系列人员收入差距的标准，薪酬的构成和各部分的比例等。

3. 工作分析

工作分析是薪酬设计的基础性工作。其基本步骤如图 2-1 所示。

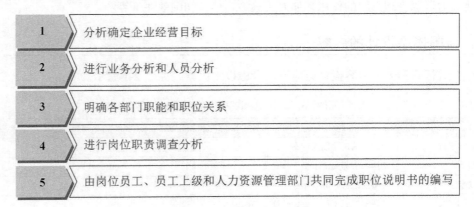

1	分析确定企业经营目标
2	进行业务分析和人员分析
3	明确各部门职能和职位关系
4	进行岗位职责调查分析
5	由岗位员工、员工上级和人力资源管理部门共同完成职位说明书的编写

图 2-1 　工作分析流程

2.1.3　薪酬体系设计的原则

企业薪酬体系设计是一种战略决策，它与企业的发展密切相关。企业在设计薪酬体系时，应遵循以下 7 项原则。

（1）公平性。企业内部员工之间的横向公平性；同一员工在不同时间段内的纵向公平性；在劳动力市场上，同一行业、相同岗位员工的外部公平性。

（2）经济性。企业在进行薪酬设计时既要考虑到企业薪酬的对外竞争性，又不能忽视本企业的经济承受能力。

（3）激励性。不同职务、不同绩效水平的员工薪酬水平之间应拉开差距，以鼓励员工继续努力工作，激发其工作潜能，保证薪酬总额的激励作用。

（4）合法性。薪酬体系的设计应符合国家相关法律法规，如最低工资、工作时间、加班加点工资、经济补偿金等方面。

（5）补充性。员工收入应能保证其正常生活和工作的基本费用，如衣食住行、学习、培训等。

（6）战略导向性。企业在进行薪酬设计时应立足于企业的战略决策，对薪酬体系中各因素的重要性进行排序，进而确定各岗位的价值大小，在此基础上设计出来的薪酬体系才能有助于企业战略目标的达成。

（7）外部竞争性。企业要想吸引并留住优秀人才，薪酬水平的对外竞争性是必不可少的因素。只有企业的薪酬水平具备了市场竞争性，才能保证优秀人才在本企业内不遗余力地发挥作用。

2.1.4　薪酬体系设计的模式

薪酬体系设计主要包括 5 种模式，且每种模式分别具有不同的优势、缺点和适用范围。

1. 领导决定模式

领导决定模式是指企业领导者凭借自己的权威和管理经验，依据市场行情和竞争对手的薪酬水平，规定企业员工在一定时期内的薪酬，从而界定该企业的薪酬体系。这种情况一般发生在企业初创时期或人数不多、规模较小的企业。

由于该模式一般是凭借领导者的直觉和经验，而不是基于科学的调查和分析来设计的，因此往往带有较大的盲目性。随着企业人力资源管理逐步规范化，这种缺乏科学性和公平性的薪酬设计模式，可能会引起企业与员工双方矛盾的产生和优秀员工的流失等不利于企业发展的问题。

2. 集体洽谈模式

集体洽谈模式是指企业通过与员工的协商来确定员工在一定时期内的薪酬，从而确定企业的薪酬体系。在实践中，集体洽谈模式通常是由企业代表（一般由企业法定代表人和人力资源管理部门人员组成）和员工代表（一般为工会）就企业内部工资分配形式、员工收入水平、福利等事项进行平等协商的，双方在协商一致的基础上签订工资协议。

此外，集体洽谈模式也可以是行业工会代表同企业代表双方就以上内容进行谈判，找到劳动关系双方都满意的解决方案，最终达到双赢的薪酬设计效果。

3. 专家咨询模式

专家咨询模式是指由企业委托外部咨询专家参与企业薪酬体系的设计工作。这种薪酬体系一般能较好地体现市场动态，有利于协调劳动关系双方的利益冲突和合作。

该模式充分利用了薪酬专家所具备的专业知识和最新的市场调研数据，制定出来的企业薪酬体系具备科学性、规范性、公平性、激励性和可操作性的特点。

一般而言，采用这种模式进行薪酬体系设计时成本较高，但如果企业规模大、员工数量多，则企业所花费的人均成本便会较低。

4. 个别洽谈模式

个别洽谈模式是指在企业薪酬管理总体原则基本确定的情况下，企业和特定员工就薪酬问题进行个别沟通，经双方达成一致意见后，以此确定这些员工的薪酬。参与洽谈的员工一般为市场上较为稀缺的人才。

这种模式的成本较高，一般适用于特定的岗位或对企业生存和发展都极为重要的员工。企业使用该模式，有助于增强自身的核心竞争力。

5. 综合设计模式

综合设计模式是指企业在薪酬体系设计过程中综合运用上述几种模式。利用该模式设计出来的薪酬体系能较好地协调员工与企业双方利益，目前企业普遍采用该模式。

2.1.5 薪酬体系设计的流程

薪酬体系在人力资源管理中的重要作用已日益体现出来。科学合理的薪酬体系不仅能有效地服务于企业的经营发展战略，合理地控制企业人工成本，吸引、留住并激励优秀人才努力工作，更是有效保障企业和员工双方友好合作的重要筹码。因此，科学合理的薪酬体系设计应该具有内部激励性、外部竞争性。

本着薪酬体系设计的原则，同时为了实现企业薪酬管理的目的，企业在进行薪酬体系设计时应遵守以下流程。

1. 确定薪酬策略

企业在不同的发展阶段，其规模、市场、知名度、财务状况等均有不同的特点；因此，企业应该针对这些特定时期的不同特点，选择不同的薪酬策略，以实现薪酬策略服务于企业经营发展战略的有效性。

在不同的发展阶段，企业应根据不同的情况选择与确定不同的策略，如表 2-3 所示。

表 2-3　　　　　　　　　　不同时期的企业薪酬策略一览表

发展时期	薪 酬 策 略
创业期	企业在创业初期困难重重，应尽量减少企业的财务压力，因而应采用刚性较小的薪酬制度。为了使薪酬体系的灵活性增强，避免员工对降薪的过度敏感，企业在创业初期应采用"低工资、高奖励"的薪酬策略
成长期	这一阶段的主要特点是企业的产品销量猛增，市场占有率大幅度提高，企业的产品和服务具有一定的知名度，市场销量良好，资金流入加快，因而企业资金较为宽裕。这时，企业适当提高基本工资以增加员工的忠诚度和工作激情，有利于企业的进一步扩张。因此，企业在成长期应采用"高工资、高奖金"的薪酬策略

续表

发展时期	薪酬策略
成熟期	成熟期企业的规模、销量、市场、利润、市场占有率均达到最佳状态。企业的影响能力、生产能力以及研发能力也处于鼎盛时期,企业及产品的社会知名度均比较高。在这个阶段,企业的基本工资可保持一般水平,但为了激励员工,鼓励产品创新、服务创新、管理创新,企业应加大奖金激励力度,并充分利用非经济性报酬进行激励,以提高员工满意度
衰退期	衰退期并不意味着企业的消亡,而是企业发展的低谷,经营状况不佳、士气低落、员工离职率提高等不良现象频繁出现。此时,企业应采取收缩战略,控制成本,剥离亏损业务,并有计划地培育新的增长点,使企业有效蜕变。在企业蜕变过程中,主要是要稳定员工,留住核心队伍和关键人物,为企业东山再起提供人力保障。因此,薪酬应加强对外竞争力,提高基本工资和福利

2．进行工作分析

工作分析一般是分析职位的工作性质、工作环境好坏、所承担责任的大小、劳动强度大小、岗位任职资格等。

3．组织岗位评价

岗位评价不仅明确了企业内部各职位之间的价值大小,还为企业实施外部薪酬市场调查统一了职位名称及工作内容标准,实现了不同企业内部职位及薪酬的可比性。

4．开展薪酬调查

开展薪酬调查包括劳动力市场薪酬调查和企业内部员工满意度调查两大部分内容。调查应该制订调查计划,明确调查的目的、对象、方式、被调查的岗位、调查结果分析等内容。劳动力市场薪酬调查是对同行业、同区域企业的薪酬水平进行调查。企业内部薪酬调查的主要内容包括员工对目前自身薪酬福利待遇、薪酬级差、薪酬福利的调整、发放形式等的满意情况。

5．进行薪酬定位

薪酬定位是企业薪酬设计中的关键环节,它不仅明确了企业的薪酬水平,而且明确了企业薪酬水平在劳动力市场上的竞争力。

影响企业薪酬水平定位的因素包括内部因素和外部因素。其中,内部因素包括企业薪酬策略、人力资源规划、企业盈利能力、企业支付能力、企业发展阶段、员工培养速度等。外部因素包括产品市场差异化程度、国家法律法规、目标劳动力市场的薪酬水平、目标劳动力市场人才竞争的激烈程度。

6．确定薪酬结构

薪酬结构一般包括 3 大类,具体如表 2-4 所示。

表 2-4　　　　　　　　　　薪酬结构的种类及其功能一览表

薪酬结构种类	主要功能
高弹性薪酬结构	实现企业与员工业绩的紧密相连,促进工作积极性,控制人工成本
高稳定性薪酬结构	稳定性较强,有效保障员工生活,促进员工稳定性
调和性薪酬结构	有效促进员工的工作积极性和人员稳定性

薪酬结构的确定也即确定薪酬的各个组成项目,薪酬的不同组成项目代表着不同的意义,基本工资和福利主要承担着适应劳动力市场的功能,而绩效工资主要承担着适应员工绩效结果与企业绩效要求之间的衡量功能。企业采用什么样的薪酬结构要视企业所处的发展阶段和岗位工作的

性质特点而确定。

7. 明确薪酬水平

薪酬水平是企业薪酬对外竞争性的表现，对企业内部员工队伍的稳定性也有一定的影响，同时，也是影响企业人力成本的重要组成部分。

8. 实施薪酬体系

薪酬体系设计完毕后，在正式开始使用前应进行充分沟通、培训等；在进行薪酬体系确定时，还要考虑企业的经济承受能力、价值取向等，并根据企业的发展变化及外部市场环境的变化及时给予调整、完善。

【微课堂】

> A 股份有限公司成立于1994年，于1996年介入房地产领域，是专业住宅开发企业。假设现公司人才流失比较严重，需要做一份薪酬满意度调查表，以了解公司员工心里的薪酬状况，以便公司进行薪酬体系设计调整。请你查找相关资料，做一份薪酬满意度调查表。

2.2 薪酬水平的设计方法

2.2.1 薪酬水平的概念

薪酬水平是指从某个角度按照某种标志考察的某一领域内员工薪酬的高低程度，它决定了企业薪酬的对外竞争力，对员工队伍的稳定性也有一定的影响。

薪酬水平包括企业内部各岗位薪酬水平和企业在劳动力市场上的薪酬水平。内部岗位薪酬水平是指企业内组织之间的薪酬关系，组织相对于其竞争对手的薪酬水平的高低。薪酬的外部竞争性实质上是指企业的薪酬水平的高低以及由此产生的企业在劳动力市场上所形成的竞争能力大小。

2.2.2 企业薪酬水平的影响因素

企业薪酬水平的影响因素主要是外部因素，如劳动力市场的供求水平、地区工资水平、生活水平和物价水平、行业工资水平等。企业内部经营状况、财务支付能力及企业产品市场竞争力也会影响企业的薪酬水平。企业薪酬水平的主要影响因素如表 2-5 所示。

表 2-5 企业薪酬水平的主要影响因素一览表

影 响 因 素	详 细 说 明
劳动力市场的供求水平	劳动力市场供大于求,企业可以以较小的代价招聘到合适的人选;劳动力市场供不应求,企业将要花费较高的代价来满足企业生产对人力资源的需求
地区工资水平	企业应参考所在地居民生活水平、薪酬水平,不能将本企业各岗位的薪酬水平定位低于所在地区同行业企业同岗位的薪酬水平,否则就失去了对外竞争力
生活水平和物价水平	企业在制定薪酬标准时,要考虑到社会物价水平的上涨,必须能满足企业员工基本生活需要,保证其基本购买力
行业工资水平	除了考虑同行业的薪酬水平之外,不同行业的薪酬水平也可作为企业薪酬水平的制定标准,如朝阳产业薪酬水平较高、夕阳产业薪酬水平较低
企业的负担能力	员工薪酬水平原则上应该控制在企业财务承受能力范围之内,并且与企业的生产率增长保持步调一致,企业经济实力强可以支付较高的薪酬水平,企业经济实力弱则只能支付较低的工资水平,如此才能保证企业长期稳定的发展
企业产品的市场竞争力	若企业薪酬水平过高,则产品的生产成本较高,导致产品的价格偏高,从而降低了产品的市场竞争力

2.2.3　个人薪酬水平的影响因素

由以上章节可知,企业各职位的薪酬水平受到企业外部诸多因素的影响。然而,在企业内部各职位之间的薪酬水平,即员工个人的薪酬水平也有着很大的区别,这些区别的主要影响因素来源于职位本身和员工本人。职位本身是影响员工个人薪酬水平的外在因素,如该职位在企业内部的价值。职位任职者本人是影响个人薪酬水平的内在因素,员工个人客观存在的一些潜在能力是其中的一部分,员工主观意愿付出的是另外一部分。

员工个人客观存在的内在潜质、主观意愿付出程度以及所担任的职务性质等与个人薪酬水平之间存在一定的关系,具体如表 2-6 所示。

表 2-6 员工个人薪酬水平影响因素一览表

影 响 因 素	具 体 说 明
员工个人贡献大小	不同员工的能力有差异,给企业带来的价值也不相同,在相同条件下,只能参照员工给企业带来的工作质量和数量衡量员工贡献的大小
员工职务的高低	职务是权力和责任大小的象征,所以职务不同,员工薪酬水平也不同,一般是职务越高,薪酬水平就会越高
员工所在职位的相对价值	不同的职位在企业经营中发挥的价值是不同的,因而其报酬也是有差别的,如核心技术岗位的职位价值相对较高,薪酬水平也会相对较高
技术水平的高低	技术水平高的人能为企业解决更多的问题,给企业带来的价值会更高。相比技术水平低的人,他们之间的薪酬差距应能弥补技术水平低的员工为增长技术水平而耗费的精力、体力、时间,以及为了学习而减少的机会成本,只有这样才能保证员工不断学习新知识,提高生产率
工作时间	一般来讲,从事季节性与临时性工作的人员薪酬水平比长期工种要略高,以维持员工歇工时的正常生活
补充性工资差别	从事某些岗位工作的员工因为其工作场所或工作性质的特殊性,影响了员工的生命安全或人身健康的,要给予一定的经济补偿
年龄与工龄	年龄和工龄也是影响薪酬水平的重要因素之一,通常,较多企业采用"早期低工资、晚期高工资"的薪酬策略

2.2.4 薪酬水平的外部竞争

企业的薪酬水平与外部竞争力有着密切的联系，薪酬水平可能不会为企业带来很强的竞争优势，但一旦企业的薪酬决策出现失误，可能就会导致企业陷入危险境地。企业薪酬水平的竞争性带来的影响主要体现在两个方面，即对企业运营成本的影响和对员工工作态度、行为的影响。

1. 薪酬水平的竞争性的影响

薪酬水平的竞争性带来的影响主要体现在控制运营成本（劳动成本）、提高员工素质、增加工作经验、减少自愿跳槽人数、降低员工加入工会的可能性、减少与薪酬有关的停工6个方面。

2. 外部竞争与确定薪酬的方法

具备对外竞争力的薪酬水平是企业吸引、留住优秀人才的重要筹码，更是企业促进并维持高效生产率的重要手段。企业在确定薪酬水平时通常采用以下方法。

（1）根据企业经济能力确定薪酬水平

以企业的经济承受能力为主导确定薪酬水平，主要是指结合劳动力市场的薪酬调查数据，从企业的实际经营状况出发进行调整。

市场对产品的需求是企业对劳动力需求的根源。市场对产品的需求决定了企业的薪酬水平。产品的需求价格弹性越大，企业越注意与竞争对手采取一致的价格策略。对产品进行成本控制，意味着对人工成本也要控制，从而需要对企业内部薪酬水平进行控制。

（2）根据市场薪酬水平确定本企业薪酬水平

以市场薪酬水平为导向来确定企业的薪酬水平，关键是对本企业竞争对手的薪酬水平进行摸底。竞争对手主要是指同行中生产同类产品或替代品，使用类似技术的企业，因为他们对劳动力市场的需求是相似的，存在竞争关系，所以这样的企业有可竞争性。

因此，在确定企业薪酬水平时，首先要考虑企业薪酬水平对外竞争力和企业的实际承受能力，其次要考虑员工的基本生活费用和人力资源市场行情等。

2.2.5 薪酬水平的类型

1. 薪酬水平的决策类型

薪酬水平决策类型通常包括表2-7所示的几种。

表2-7 薪酬水平决策类型一览表

决策类型	详细说明
薪酬领袖政策	薪酬领袖政策或者叫领先型薪酬政策，适用于规模较大、投资回报率较高、薪酬占企业运营成本较低、产品竞争者较少的企业
市场追随政策	市场追随政策或者叫市场匹配政策，根据市场平均水平来确定本企业的薪酬水平。该类型适用于产品成本与竞争对手相当，希望能吸纳、留住并激励一定的人才的企业
滞后政策	滞后政策或者叫拖后政策，产品利润低，企业无力支撑较高的人工成本。该类型适用于规模小、利润低、经济承受能力低的企业
混合政策	根据职位类型和员工类型来分别制定不同的薪酬水平政策，不是一概而论式。其优势在于灵活调控，有效吸引稀缺人才，便于控制人工成本

2. 确定薪酬水平决策类型的方法

（1）通过工作分析和岗位评价确定薪酬水平决策类型。通过工作分析和岗位评价确定薪酬水平以及进行必要的调整，以保证企业内部薪酬分配的公平性。工作分析需要根据企业经营目标，在工作分析和人员分析的基础上，明确部门职能和职位关系，然后编写出职位说明书。通过工作分析进行岗位评价，对职位本身所具有的特性，如对企业的影响、职责范围、任职条件、环境条件等进行评价，以确定职位相对价值。

（2）通过薪酬调查结合企业发展战略确定薪酬水平决策类型。企业在确定薪酬水平时，要充分进行薪酬市场调查，参考劳动力市场的工资水平，以确保企业薪酬水平的对外竞争性。薪酬调查的方法有很多，企业应结合自身的实际情况选择适合企业本身的调查方式。

（3）利用招聘面试信息确定薪酬水平决策类型。利用招聘面试时应聘者所填简历信息了解企业竞争对手信息，或者选择与自己有竞争关系的企业或同行业的类似企业为薪酬调查对象，以确定本企业的薪酬水平。

（4）依据法规制度确定薪酬水平决策类型。常见的与薪酬水平有关的法律、法规、制度有薪酬支付相关规定、工资集体协商、劳动关系双方洽谈制等。例如，《中华人民共和国劳动合同法》第五章关于集体合同中的规定：企业职工一方与用人单位通过平等协商，可以就劳动报酬、工作时间、休息休假、劳动安全卫生、保险福利等事项订立集体合同；企业职工一方与用人单位可以订立劳动安全卫生、女职工权益保护、工资调整机制等专项集体合同。

可见，劳动条件、薪酬水平并不是由单方面决定的，而是在国家法律、法规的最低标准的基础上，由劳动关系双方经平等协商确定的。

2.2.6 薪酬总额承受能力的分析

薪酬总额是指企业因用工而产生的与员工相关的一系列费用的总和，包括工资、福利、奖金、津贴等内容。企业在进行薪酬水平确定时，首先要明确本企业的薪酬总额承受能力，然后才能制定有使用价值的薪酬标准。因而，企业管理人员需要了解薪酬总额的组成部分。

按我国相关文件规定，企业薪酬总额包括员工工资总额、社会保险费用、员工福利费用、员工教育费用、劳动保护费用、员工住房费用和其他人工成本费用。

其中，员工工资总额是薪酬总额的主要组成部分，如表 2-8 所示。

表 2-8　　　　　　　　　　　　　薪酬总额费用组成一览表

费用组成	解释说明
员工工资总额	员工工资总额是指各单位在一定时期内，以货币或实物形式直接支付给本单位全部员工的劳动报酬总额，包括计时工资、计件工资、奖金、津贴和补贴、加班加点工资、特殊情况下支付的工资
社会保险费用	社会保险包括养老保险、医疗保险、失业保险、工伤保险、生育保险和企业建立的补充养老保险、补充医疗保险等费用。此项费用只计算用人单位缴纳的部分，不包括个人缴纳的部分，因为个人缴费已计算在工资总额以内
员工福利费用	员工福利费用是指在工资以外支付给职工的福利费用。其主要用于员工医疗卫生费、员工因工负伤赴外地就医路费、员工生活困难补助、宣传费、集体福利事业补贴、物业管理费、上下班交通补贴等

续表

费 用 组 成	解 释 说 明
员工教育费用	员工教育费用是指企业为职工学习先进技术和提高文化水平而支付的费用，包括就业前培训、在职提高培训、转岗培训、派外培训、职业道德等方面的培训费用和企业自办大中专、职业技术院校等培训场所所发生的费用以及职业技能鉴定费用
劳动保护费用	劳动保护费用是指企业购买职工实际使用的劳动保护用品的费用，如工作服、保健用品、清凉用品等
员工住房费用	员工住房费用是指企业为改善职工居住条件而支付的费用，包括员工宿舍的折旧费（或为员工租用房屋的租金）、企业交纳的住房公积金、实际支付给职工的住房补贴和住房困难补助以及企业住房的维修费和管理费等
其他人工成本费用	其他人工成本费用包括工会会经费，企业因招聘职工而实际花费的职工招聘费、咨询费、外聘人员劳务费，对员工的特殊奖励（如创造发明奖、科技进步奖等），支付实行租赁、承租经营企业的承租人、承包人的风险补偿费等，解除劳动合同或终止劳动合同的补偿费用

1. 薪酬总额承受能力分析的必要性

对企业薪酬总额承受能力进行分析有一定的必要性，主要体现在以下 3 个方面。

（1）市场竞争的需要。买方市场逐步形成，企业产品、资金、劳动力市场的竞争日趋激烈，企业薪酬总额在企业经营费用中所占比重较大，企业成本费用压力过大。

（2）经济全球化的需要。全球性资源贫乏，技术、管理水平落后，在全球经济一体化背景下，企业必须保持薪酬总额优势，寻求新的生存和发展空间。

（3）从传统人事管理向现代企业人力资源管理转变的需要。传统的、简单的人事管理已不能满足现代企业经营发展的需要，人事管理需要结合更科学、更现代化的管理工具对人才进行经营管理，使企业由被动的用人理念向主动化转变。

2. 薪酬总额承受能力分析的内容

明确了企业薪酬总额的组成部分之后，在进行薪酬总额承受能力分析时，应该从薪酬总额总量指标、薪酬总额结构指标、薪酬总额效益指标 3 个方面着手。

（1）薪酬总额总量指标分析。薪酬总额总量指标反映的是企业薪酬总额的总量水平。由于不同企业的员工人数不同，因此，人们常用人均薪酬总额来反映企业薪酬水平的高低。通过对该指标进行分析，企业可以显示员工平均收入的高低，聘用一名员工大致需要支出的费用，在劳动力市场上对于人才的吸引力有多大等。

人均薪酬总额能够反映企业员工的工资和保险福利水平，也就能作为企业向劳动力市场提供的劳动力价格信号。企业要提高员工的劳动积极性，吸引高素质的劳动者到企业来，就需建立人均人工成本指标，以便企业对薪酬总额水平进行更全面的分析和控制，有利于企业的生产发展。

（2）薪酬总额结构指标分析。薪酬总额结构指标是指薪酬总额各组成项目占薪酬总额的比例，通过分析可反映的薪酬总额投入构成的情况与合理性。其中，工资占薪酬总额的比重是结构指标中的主要项目。

（3）薪酬总额效益指标分析。薪酬总额效益指标是薪酬总额分析的核心指标，是进行企业薪酬总额分析控制常用的指标，是一组能够将薪酬总额与经济效益联系起来的相对数。

薪酬总额效益指标包括劳动分配率、人事费用率、薪酬总额利润率、薪酬总额占总成本比重指标。其中，劳动分配率、人事费用率为主要指标。具体说明如表 2-9 所示。

表 2-9　　　　　　　　　　　　　　　薪酬总额效益指标一览表

效 益 指 标	概 念 说 明
劳动分配率	劳动分配率是指薪酬总额与增加值的比率。它表示在一定时期内新创造的价值中，用于支付薪酬的比例。它反映分配关系和人工成本要素的投入产出关系
人事费用率	人事费用率是指人工成本总量与销售（营业）收入的比率。它表示在一定时期内企业生产和销售的总价值中，用于支付人工成本的比例；同时也表示企业员工人均收入与劳动生产率的比例关系、生产与分配的关系、人工成本要素的投入产出关系。它的倒数表明每投入一个单位人工成本能够实现的销售收入
薪酬总额利润率	薪酬总额利润率是指人工成本总额与利润总额的比率。它反映了企业人工成本投入的获利水平
薪酬总额占总成本比重	薪酬总额占总成本比重反映活劳动对物化劳动的吸附程度。这一比值越低，反映活劳动所推动的物化劳动越大；反之，活劳动所推动的物化劳动越小

通过对以上基本信息的了解不难看出，对企业薪酬总额的分析是在企业管理中，特别是在劳动管理中十分重要的一项基础性工作。科学合理地对企业的薪酬总额承受能力进行分析，并制定恰当的薪酬总额，对于提高企业的经济效益具有重要的意义。

3．薪酬总额承受能力分析的方法

通常情况下，薪酬总额承受能力分析的方法有以下两种。

（1）实际计算法。将员工职位与薪酬标准相互对应，先计算出企业每个月的人工工资总额，然后计算出企业的年度人工工资总额与企业年度销售净收入的比例关系。

（2）预估计算法。它是指将类似职位的人数与类似职位的平均工资数相乘，得出一个大致的工资总额，然后将此数据和企业销售净收入进行比较。预估计算法的计算结果相对比较粗糙，但计算速度较快。在测算企业承受能力时，我们可先利用该方法进行估算，再视其结果进行精确计算。

2.2.7　薪酬成本的控制管理

薪酬成本是企业经营发展过程中发生的人工成本总支出。薪酬成本不仅会对企业在行业中的薪酬总体水平产生影响，而且会对企业的经营成本产生影响，进而会对企业的产品市场竞争力等产生影响。因此，企业有必要对薪酬成本进行控制。

1．薪酬成本的影响因素

对企业薪酬成本的控制管理须事先了解企业薪酬成本的影响因素。通常情况下，企业薪酬成本的影响因素包括外部因素和内部因素。

企业薪酬成本影响因素之外部因素包括表 2-10 所示的内容。

表 2-10　　　　　　　　　　　　企业薪酬成本影响因素之外部因素

薪酬成本影响因素	具 体 说 明
国民经济增长率	国民经济增长率是指国家在过去一年国民生产总值的增长速度，反映了国家经济状况的发展速度。宏观经济决定了企业经营发展的环境，进而影响着企业的经营状况、薪酬支付能力、薪酬成本控制
通货膨胀率	通货膨胀率一般通过物价指数来衡量。在员工收入金额不变的情况下，社会物价水平上升，则意味着员工收入水平降低。因此，企业应在考虑物价上涨和通货膨胀的基础上，进行工资调整和薪酬成本控制

续表

薪酬成本影响因素	具 体 说 明
行业和地区的薪酬水平	行业和地区的薪酬水平对企业薪酬水平的影响主要体现在，如果行业整体薪酬水平高于国家或地区的平均水平，则企业的薪酬水平会较高，一般处于发达地区的企业薪酬水平较处于偏远地区的薪酬水平要高。因此，企业在进行薪酬成本控制时，也应该将此因素考虑进去
劳动力市场的供求状况	劳动力市场供大于求时，企业以较低的成本就能找到合适的人选，因而薪酬成本会较低；劳动力市场供不应求时，企业则需要花费较大的成本才能找到合适的人才，因而薪酬成本会较高，这一点也是进行薪酬成本有效控制必须考虑的因素

企业薪酬成本影响因素之内部因素包括表2-11所示的内容。

表2-11　　　　　　　　　　　　企业薪酬成本影响因素之内部因素

薪酬成本影响因素	具 体 说 明
企业经营效益	企业经营状况好，则可以适当提高企业薪酬成本；经营状况不好，则薪酬成本应合理降低一些
企业往年的薪酬水平	企业新的一年的薪酬总额往往会参照往年的薪酬水平结合企业的经营状况进行调整，因此往年的薪酬成本也是薪酬总额控制必须考虑的因素
年度人力资源计划	年度人力资源计划会影响企业人力资源数量、素质和结构，因而会影响企业的薪酬成本付出

因此，企业在进行薪酬成本控制时，应综合考虑对薪酬成本产生影响的内外部因素。

2．薪酬成本控制的途径

了解薪酬成本的影响因素后，下面介绍薪酬成本控制的有效途径，主要有以下3种。

（1）控制薪酬对象。控制薪酬对象包括控制薪酬水平和薪酬结构，该途径的关键点是控制员工基本薪酬、控制员工可变薪酬和控制员工福利与服务。

（2）控制员工聘用量。控制员工聘用量的关键点在于控制员工工作时数和控制员工数量。

（3）控制薪酬技术。控制薪酬技术包括控制最高薪酬水平和最低薪酬水平、薪资比较比率法和成本分析法。

最高薪酬水平规定了员工在企业产出的最高价值，而最低薪酬水平是与之相反的。薪资比较比率法表示特定薪资等级的薪酬水平中间值和该等级内部职位或员工薪酬的大致分布状况，其公式如下所示。其中，薪资比较比率与1相比较的大小表示着企业支付薪酬水平的高低。

> 薪资比较比率=实际支付的平均薪资水平÷某一薪资区间中间值

3．薪酬成本控制的步骤

企业进行薪酬成本控制时一般遵循以下步骤。

（1）确定薪酬控制的标准及所要实现的指标。

（2）将薪酬结果与控制标准进行比较。

（3）若有差距，确定补救措施。

在明确以上信息后，企业可以有针对性地进行薪酬控制管理，随时调整薪酬体系和薪酬水平，实现薪酬制度的实用性和服务性。

【微课堂】

> 2017 年全国各地平均薪酬水平已被公布，有的地方薪酬水平相差不远，如北京和上海；有的地方相差甚远，如北京和哈尔滨。为什么会出现这种现象？请你结合本节内容，分析其原因。

2.3 | 薪酬结构的设计方法

薪酬结构即各职位的薪酬组成结构，也就是每个职位的薪酬是由哪几部分组成的。企业在确定薪酬结构时，应结合本企业所在行业的性质、特点以及各职位的工作特点来合理确定薪酬结构。

2.3.1 薪酬结构设计的概念

薪酬结构设计是对一个组织机构中各项工作的相对价值及其对应的实付薪酬之间保持何种关系的设计。薪酬结构组成包括高稳定性、高弹性和折中性 3 大类型。

（1）高稳定性薪酬结构。在此薪酬结构中，固定薪酬所占比例很高，浮动薪酬所占比例很低，如岗位工资制、技能工资制。这种薪酬结构的优点是，员工收入与业绩关联不大，波动小，员工安全感很强；缺点是缺乏激励功能，容易造成员工懒散。

薪酬组成结构的确定
的常用方法

（2）高弹性薪酬结构。在此薪酬结构中，浮动薪酬所占比例很高，固定薪酬所占比例很低，如绩效工资制。这种薪酬结构的优点是激励性很强，薪酬与员工业绩密切相关，避免吃大锅饭现象，员工收入波动性很大，员工心理上缺乏安全感和收入保障。

（3）折中性薪酬结构。在此薪酬结构中，固定薪酬、浮动薪酬各占一定的合理比例，对员工有一定的激励性，也有一定的安全感。

现实生活中常见的体现企业不同薪酬结构的薪酬方案有岗位工资制、技能工资制、绩效工资制、组合工资制等，如表 2-12 所示。

表 2-12 薪酬结构常用方案

薪酬方案	方法说明	操作要点	适用范围
岗位工资制	薪酬水平和结构针对职位而不针对员工个人	建立在工作分析的基础上，通过岗位评价，综合考虑薪酬策略，确定不同岗位薪酬水平等级、级差的标准	适用于责权利明确的企业
绩效工资制	将员工个人绩效与企业绩效相关联，并根据其绩效来支付薪酬	员工薪酬根据个人完成业绩与企业设定的标准来评定的个人应获取的绩效工资额，如业绩提成、奖金等	适用于任务饱满有超额工作必要的企业

续表

薪 酬 方 案	方 法 说 明	操 作 要 点	适 用 范 围
技能工资制	薪酬水平和结构以任职者技能和能力为基础	通过对任职者的技能和能力进行评价和鉴定来确定其薪酬水平及等级、级差及级差标准	适用于技术性强、技术复杂及技术差别较大的企业
组合工资制	将薪酬分解成几部分，分别确定各部分所占比例、额度，如岗位工资制、技能工资制	薪酬结构反映诸要素的差别，各要素各有其职能、分别计酬，从不同侧面和角度反映员工贡献大小	适用于各种类型的企业

2.3.2 薪酬结构设计的目的

薪酬结构设计属于薪酬体系中的一个子模块，因此，在设计薪酬结构时必须服从薪酬体系所要达到的目标这个大前提。薪酬体系设计的主要目的有3个，即确保企业合理控制成本；帮助企业有效激励员工；提高薪酬的可变性、差异性、时效性以及现金流使用的弹性。

具体来说，企业进行薪酬结构设计的目的应该体现在以下5点。

1. 凸显优秀人才

奖励优秀者原则使优质资源永远向优秀人才倾斜，让强者更强，鼓励弱者跟上强者的步伐。让有能力的优秀员工通过长期在企业服务得到晋升和加薪的机会，获得相应的回报。

2. 增强企业吸引力

薪酬体系设计的3项基本原则是对外具备竞争力、对内具备公平性、对个体具备激励性。因此，在进行员工薪酬结构设计时，企业管理者必须尊重市场规律来确定薪酬标准。

3. 强化员工安全保障

在企业员工劳动关系双方中，员工属于弱势群体，风险较大，所以员工本身不具备安全感，希望与企业签订合同、缴纳社会保险、及时发放工资等，这都是源于对安全保障的基本需求。企业管理者必须尊重并重视这种需求，让员工有安全感，特别是企业营销人员，这样员工才愿意去为企业打拼。

4. 认可个人价值

企业给员工支付的薪酬不单纯基于员工的职级，而且还基于职位的价值，此价值基于该职位任职者对企业的贡献。

5. 有机结合员工利益与企业利益

绩效薪酬以及与企业和个人经营业绩相关的薪酬体系均将员工个人利益与企业利益有机结合起来。例如，分红制、股份制的设计等都是为了将他们的中长期利益结合起来，形成利益共同体。

2.3.3 薪酬结构设计的要点

企业管理者在进行薪酬结构设计时，有以下4个要点。

（1）企业管理者在进行薪酬结构设计时，不仅要考虑成本概念，还应该考虑使激励性薪酬具有未来性并与企业未来绩效相结合，让员工和股东的共同利益及风险程度适度挂钩，建立长期风险性报酬的观念，适当拉开薪酬差距，进而设计合理的薪酬结构。

（2）企业管理者在进行薪酬结构设计时，应该注意企业的分配方式、企业所在行业的特点与企业文化等相一致。

（3）企业的薪酬结构设计还要注意到职位的特点，不同的职位选择不同的薪酬结构，通常企业采用的工资结构形式有职位工资、技能工资和绩效工资，或基本工资、浮动工资加奖金等。

（4）企业管理者在进行薪酬结构设计时，还应该根据企业采取的薪酬制度，注意薪酬的各组成部分设置的目的和比重。

2.3.4　不同职位序列薪酬结构的设计方法

1. 管理序列薪酬结构框架

管理序列职位是指在企业中从事管理工作并拥有一定的管理职务的职位，即通常所说的"手下有兵"的岗位，其承担的计划、组织、领导、控制职责是企业主要的付薪依据。企业管理人员的工资构成框架基本采用以下形式：

> 薪资=基本工资+奖金+红利+福利+津贴

（1）基本工资。基本工资是管理人员的基本生活保障，往往与经营业绩没有直接关系，它是工资体系中最基本的也是最重要的部分。其他工资项目，如奖金、红利、津贴等都是依据基本工资的多少来确定的。基本工资往往占员工总工资收入的 1/3～2/3，具体要视管理职位的高低而定，管理职位越低，基本工资占比就越高。

（2）奖金和红利。奖金和红利是工资体系中的浮动部分，包括短期奖金和红利、长期奖金和红利。其中，短期奖金和红利的适用范围更为广泛，适用于企业各个层次的管理岗位；而长期奖金和红利侧重于企业的中高层管理岗位，其与管理人员的工作绩效以及企业的绩效紧密相连，长期奖金和红利往往基于企业的经营结果，它将管理人员的利益与企业的整体利益结为一体。

（3）福利与津贴。管理人员可享用很多的福利津贴，主要有丰厚的养老金计划、住房补贴、各种商业保险、舒适的工作环境等。这也是企业为吸引和稳定管理人员的竞争手段之一。

2. 职能序列薪酬结构框架

职能序列职位是指在企业中从事管理工作并拥有一定的管理职务的职位，手下可能有"兵"，也可能无"兵"，被管理对象有可能是人，也有可能是物，如从事办公室职能管理、生产管理等职能工作的职位。这类人员的付薪依据主要是其辅助、支持的职责。职能序列职位人员的薪酬结构整体框架通常采用以下形式：

> 年总收入=年基本收入+年其他收入
> 　　　　=（月固定工资+工龄工资+各类补贴或补助）+（月绩效工资+
> 　　　　　年度延迟支付工资+企业业绩分享）

其中，固定工资收入往往占员工总工资收入的 1/3～2/3，具体要视管理职位的高低而定，管理职位越低，基本工资占比就越高。此架构的优点在于，能促进员工稳定性和提高员工日常工作的积极性。较多企业也在为职能序列的职位增加福利项目，但总体数量要比高层管理人员项目较少，额度偏低。

3. 技术序列薪酬结构框架

技术序列职位是指企业内部从事技术研发、设计、操作的职位，表现为需要一定的技术含量，企业付薪依据的主要是该职位所具备的技能，一般付薪的项目不体现为计件的形式，但不排除少量的项目奖金。

技术序列职位具有短期内不容易有业绩体现，以及平时行为不易被监督等特点。此薪酬结构增加了企业对技术人员薪酬控制和行为监督的灵活性。其整体框架通常采用以下形式：

> 年总收入=年基本收入+年其他收入
> =月固定工资+工龄工资+技能工资+项目奖金
> +福利和服务+年度延迟支付工资

4. 销售序列薪酬结构框架

销售序列职位是指在市场上从事专职销售的职位，一般工作场所不固定。销售序列职位的薪酬结构的整体框架一般采用以下两种形式。

（1）纯佣金制。销售人员收入中没有基本工资，收入完全取决于个人业绩的大小。

（2）基本工资+佣金制。基于这种岗位的特殊性，企业在设置固定工资与浮动工资时适用的比例一般为50∶50。公式如下所示：

> 年总收入=年基本收入+年其他收入
> =（月固定工资+工龄工资+各类补贴或补助）+
> （佣金+销售奖金+年度延迟支付工资）

5. 薪酬结构的再优化设计

薪酬结构设计是一个系统的工程，不同的薪酬结构适用于不同的发展阶段，因此，随着企业的发展要不断地优化企业的薪酬结构。

构成薪酬体系的基本工资、激励工资、津贴、福利等各种薪酬形式之间的关系和比例要平衡。基本工资具有高刚性和高差异性，激励工资具有高差异性和低刚性，津贴具有低差异性和低刚性，而福利具有高刚性和低差异性。针对这些构成的特性及功能，企业应注意在薪酬结构中进行综合平衡。

企业在进行薪酬结构再优化方案设计时，应具体到各个形式的策略选择，不能过分强调基本工资或奖金，要起到更符合个人需要、更经济的激励作用。例如，对企业的高管人员实施薪酬领先策略时，可以把基本工资定位在市场薪酬水平中等偏上，把激励工资比重加大。这样就可以在经费不变的情况下，通过薪酬结构优化设计，提高薪酬的可变性、差异性、时效性以及现金流使用的弹性。

【微课堂】

> 　　某企业的生产系统采用的是计件工资方式。行政系统采用的是结构工资，工资总收入=70%基础工资+30%绩效工资。销售系统采用的是提成工资，月薪收入=底薪+提成。员工月、季、年终没有奖金，也没特殊奖励制度，这种情况致使员工工作热情大幅度降低。如果请你给企业设计薪酬结构，你有什么建议？

2.4
薪酬等级划分的方法

2.4.1　薪酬等级的概念

　　薪酬等级是指在同一企业中，由于不同的职位或者技能等级，从而形成的序列关系式的或梯次结构形式的不同薪酬标准。在管理实践中，各企业的薪酬等级数目差异较大，一般而言，企业薪酬结构的等级构成主要以企业的规模、性质、组织结构及工作的复杂程度来衡量，其数目多少没有绝对的标准。

　　薪酬等级是在职位价值评估和职位分级结果的基础上建立起的一个基本框架，主要反映不同职位在薪酬结构中的差别。它将职位价值相近的职位归入同一个管理等级，并采取一致的管理方法处理该等级内的薪酬管理问题。

　　薪酬等级是确定企业内部各岗位薪酬水平的基础，企业在进行薪酬管理时必须遵循一定的薪酬等级划分原则，做到公平、适度、安全、认可、成本控制、平衡等，保证薪酬等级的有效性。

2.4.2　薪酬等级划分应考虑的因素

　　薪酬等级划分考虑的因素包括 5 个，如图 2-2 所示。

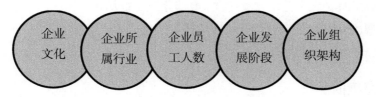

图 2-2　薪酬等级划分考虑的因素

　　等级越多，薪酬管理制度和规范要求越明确，但容易导致机械化；等级越少，相应的灵活性也越高，但容易使薪酬管理失去控制。

2.4.3 薪酬等级划分的流程

明确了以上考虑因素后，企业在进行薪酬等级划分时一般遵循以下工作程序。

1. 确定薪酬总额

根据员工工资结构中职位工资所占比例和预算的工资总额，确定职位工资总额。

2. 明确薪酬分配原则

根据企业战略等确定职位工资的分配原则，如以岗定薪、按劳分配等。

3. 进行工作分析和评价

根据职位的劳动强度、责任、风险、环境等因素，对每一个职位进行分析和评价，并进行重要性排序。

4. 确定薪酬等级数量并划分等级

根据岗位评价的结果，确定企业薪酬等级的数量，并将所有职位划分成不同的等级。其等级划分遵循以下流程。

（1）决定职位是否分系列划分薪酬等级。一个薪酬结构内部是否划分薪酬等级、划分多少薪酬等级，一般根据岗位评价结果做出反馈。一般来说，企业的规模和行业特点，会影响薪酬等级的划分，其多寡并没有绝对的标准。

（2）划分薪酬等级。将各职位的岗位评价结果画在一个数轴上，将岗位评价点数相近的职位划分为一个薪酬等级。

5. 确定工资等级的标准额度

根据企业工资策略确定各工资等级的标准额度，即确定每个工资等级同所有工资标准中点的比较额度。

6. 确定工资等级差距

确定不同工资等级之间的工资差距，主要是指工资额度的差别。

7. 确定工资幅度

确定各个工资等级内的工资幅度，即每个工资等级内的多个工资标准间最高标准与最低标准的差额。

8. 确定等级之间重叠幅度

确定相邻等级之间的工资等级和额度的重叠部分额度的大小。

9. 确定计算方法

确定工资等级和额度的具体计算方法。

2.4.4 薪酬等级的类型

不同的企业有不同的职位，因此薪酬的等级也不一样。薪酬等级主要包括以下两种类型。

1. 分层式薪酬等级类型

分层式薪酬等级类型即所谓的等级工资制，特点是企业薪酬等级比较多，呈金字塔形排列，员工薪酬水平的提高是随着个人职位级别向上发展而提高的；这种等级类型在成熟的、传统的等级型企业中常见。由于分层式薪酬等级类型的等级较多，因此每等级的薪酬浮动幅度一般比较小。

基于以上因素，分层式薪酬等级类型有其独特的优缺点，如表 2-13 所示。

表 2-13 分层式薪酬等级类型的优缺点

优　　点	缺　　点
（1）容易操作，方便管理 （2）客观性强 （3）员工的工作积极性可以通过职位晋升的竞争得到提高	（1）薪酬水平仅与职位等级相关，无法有效激励专业技术人员 （2）不利于员工个人能力的增强和职位职能的变化，缺少内部竞争公平性 （3）形成企业内部等级森严的气氛，不利于团队合作，且容易出现论资排辈现象

2. 宽泛式薪酬等级类型

宽泛式薪酬等级类型的特点是企业薪酬等级少，呈平行形，员工薪酬水平的提高既可以是因为个人职位级别向上发展而提高的，也可以是因为横向工作调整而提高的。这种薪酬等级类型在不成熟的、业务灵活性强的企业中较常见，也适用于扁平式的组织结构形式。

这种工资等级类型体现了一种新的工资策略，即让员工明白借助各种不同的职位去发展自己比职位升迁更重要，企业是根据人而不是根据职位确定薪酬的。

2.4.5 薪酬等级的结构

企业薪酬等级结构的确定通常有 3 种基本的设计思路或者说定薪基准，如表 2-14 所示。

表 2-14 薪酬等级结构确定表

定 薪 基 准	解 释 说 明
以职位为主导的薪酬体系薪酬等级结构确定	根据职位价值评估的结果来确定薪酬的高低。这是目前最普遍的薪酬设计基准，这种薪酬设计原理比较适合于职能管理岗位和职责比较固定的职位
以能力为主导的薪酬体系薪酬等级结构确定	根据任职者的能力素质的高低来确定其薪酬的高低。通常，科研人员、技术类员工适用这种薪酬设计原则
以业绩为主导的薪酬体系薪酬等级结构确定	根据员工的实际业绩来决定其薪酬的高低，如实行"零底薪、纯提成"的销售人员的薪酬体制。其工资高低完全由其业绩决定。当然，目前这个做法已经不再合法。员工底薪必须至少等于当地规定的最低工资标准

值得一提的是，由于企业不同部门、不同岗位的性质差异很大，因此目前企业在薪酬体系设计的实际操作中很少采用单一的基准。

薪酬等级结构设计更为常见、也更为科学的做法是：不同的序列采用不同的薪酬设计基准。而不同序列之间的薪酬由于设计基准不同，相互之间不具有任何可比性。只有同一序列内的员工薪酬因为等级结构的设计采用了相同的基准，相互之间才具有可比性。

2.4.6 薪酬级差的确定方法

薪酬级差又称薪酬中点差异，是指相邻薪酬等级中位值之间的差距。在设计薪酬级差前，一般先要确定最高薪酬等级与最低薪酬等级的中位值。实践中，企业可以将不同的等级级差进行统一处理，即不同的薪酬等级中级差相同；也可以根据不同的薪酬等级将级差设置差别化。

薪酬级差可以用绝对额、薪酬等级系数表示，薪酬级差绝对额形式下的职位薪级工资标准的公式如下：

$$职位薪级工资标准=工资基数×工资系数$$

工资基数水平的高低取决于员工基本生活保障和企业经营状况。工资系数取决于职位评估、技术评定或能力测评的结果，也反映了薪酬体系中最高薪酬水平和最低薪酬水平之间的差距。例如，工资系数是 1～5，说明最高薪酬水平是最低薪酬水平的 5 倍。

企业在对工资等级之间的级差进行设计时，可按 4 种方式进行，具体的方式如图 2-3 所示。

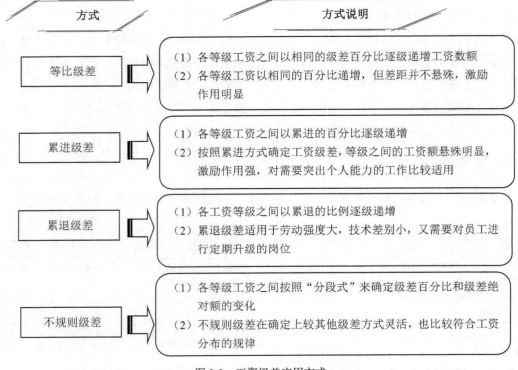

方式	方式说明
等比级差	（1）各等级工资之间以相同的级差百分比逐级递增工资数额 （2）各等级工资以相同的百分比递增，但差距并不悬殊，激励作用明显
累进级差	（1）各等级工资之间以累进的百分比逐级递增 （2）按照累进方式确定工资级差，等级之间的工资额悬殊明显，激励作用强，对需要突出个人能力的工作比较适用
累退级差	（1）各工资等级之间以累退的比例逐级递增 （2）累退级差适用于劳动强度大，技术差别小，又需要对员工进行定期升级的岗位
不规则级差	（1）各等级工资之间按照"分段式"来确定级差百分比和级差绝对额的变化 （2）不规则级差在确定上较其他级差方式灵活，也比较符合工资分布的规律

图 2-3　工资级差应用方式

【微课堂】

　　某公司决定采用薪酬等级相对较多、变动范围较窄，即 18 个薪酬等级、最高值与最低值之间的区间变动率为 80% 的薪酬结构设计，改变原有的 3 个薪酬等级、薪酬等级最高值与最低值之间的区间变动率为 500% 的状况。试问，该公司薪酬等级划分改革前后，各采用的是什么样的薪酬等级类型？

2.5 薪酬计量的方法

薪酬计量是企业在日常薪酬管理中将薪酬发放的具体金额采用一定的数学、统计等方法，对已发生数据和计划实施的数据进行计算、预算、测量，只有在科学合理的数字计量基础上制定的薪酬才具有可操作性。

2.5.1 薪酬测算的方法

所谓薪酬测算，是指企业为了更好地进行薪酬管理，通过科学的计算方法，对薪酬调整后的薪资变动情况进行测算、分析的过程。由于企业性质、发展阶段、经营状况以及支付能力等存在差异，因此每个企业所采用的薪酬测算基准也会存在一定的差异。

薪酬测算的具体流程主要包括以下 10 个步骤，即薪酬测算十步法，具体如图 2-4 所示。

图 2-4　薪酬测算十步法

薪酬测算后的数据可以反映出薪酬总额增量发生的变化情况、同层级员工薪酬发生的变化情况以及各个员工薪酬结构发生的变化情况等。薪酬测算可以避免企业盲目增加或减少薪酬，避免企业对同一层级员工薪酬发放的不公平性，减少企业出现不必要的薪酬成本差错。

2.5.2 薪酬预算的方法

常见的薪酬预算方法有自上而下和自下而上两种，其优缺点分别如表 2-15 所示。

表 2-15　　　　　　　　　　　　　薪酬预算的方法一览表

预 算 方 法	应 用 介 绍	优 点	缺 点
自上而下法	根据企业决定的薪酬总额标准按部门进行分配，各部门再按岗位进行分配，以此来确定企业的薪酬预算总额	能有效地控制企业的薪酬成本	缺少灵活性，准确性不够，不利于调动员工的工作积极性
自下而上法	根据企业希望各岗位员工在未来一定时期内的薪酬收入水平，汇总到部门层面，再汇总到企业层面，最终得到企业的薪酬总额的预算数据	方便可行，便于计算	不易于人工成本控制

另外，在制订薪酬预算时不能仅考虑员工手中的常规性货币工资费用，还要考虑企业的各种间接的货币性工资费用，如各种福利费用、培训费用、津贴费用、各种补助、年终奖金等。

【微课堂】

　　　　你是 B 公司人力资源部的成员，现在公司打算做一份年度薪酬预算，人力资源部经理给你两周时间完成这项任务。试问，你对薪酬预算的了解有多少？薪酬预算的方法有哪些？

2.6 薪酬支付的方式和时间

2.6.1 薪酬支付的方式

企业中常见的薪酬支付方式有 4 种，即基于职位（Position）的薪酬支付、基于市场（Market）的薪酬支付、基于能力（Person）的薪酬支付和基于业绩（Performance）的薪酬支付。

1. 基于职位的薪酬支付

基于职位的薪酬支付所暗含的逻辑是，薪酬的支付应该根据职位的相对价值来确定。其实这种方式就是要对某一职位所应该履行的义务、承担的责任进行支付，而与这个职位上的任职人无关，可以简单地概括为"对事不对人"。这种方法的优点是职位价值的衡量相对简单，具有较强的客观性，比较适用于传统产业和管理职位等。

2. 基于市场的薪酬支付

基于市场的薪酬支付即进行劳动力市场薪酬调查并正确使用获得的数据，设计出有竞争力的薪酬方案，该方案通过对不同种类职位制定合理的薪酬总额、选择薪酬结构与确定结构参数来实现。

3. 基于能力的薪酬支付

基于能力的薪酬支付则与基于职位的薪酬支付正好相反，叫作"对人不对事"，即不论员工在哪个职位工作，不论他实际做了哪些工作，只要他自身具备了一定的知识、技能和经验，企业就要支付给他相应的薪酬。这是一种能够有效促进员工学习、成长的方法，通常来说，研发人员、高层管理人员比较适合这种方式。

4. 基于绩效的薪酬支付

基于绩效的薪酬支付比较容易理解，即完全依照员工的工作结果来支付薪酬。无论他处于什么职位、拥有什么样的能力、在工作中如何努力，只要最终的绩效结果不好，那么他都无法获得相应的报酬。例如，传统的计件工资制就是典型的基于绩效的薪酬方案。基于绩效的薪酬具有更强的公平性、灵活性、激励性。通常来说，销售人员比较适合这种方式。

2.6.2 薪酬支付的时间

工资支付保障制度是对劳动者获得全部应得工资及其所得工资支配权的法律保护。其中，按时支付规定要求工资应当按照用人单位与劳动者约定的日期支付，如遇节假日或休息日，则应提前在最近的工作日支付；工资至少每月支付一次，对于实行小时工资制和周工资制的人员也可以按日或周支付。

除遵循以上规定外，企业薪酬支付的具体时间和具体形式视企业所采取的薪酬制度而决定，一般包括以下 4 种情况。

（1）固定月薪制工资制。固定月薪制工资制即工资的组成仅有固定部分，没有浮动部分，且工资的多少仅与员工日常考勤密切相关，此种情况通常在每月固定日期支付一次，可采用上发式或下发式。

（2）绩效工资制。在工资组成中浮动部分占据较大比例，此部分工资要结合员工的业绩考核结果进行支付，绩效工资的支付周期视考核周期而定，一般有月度考核、季度考核、半年度考核和年度考核几种类型。绩效工资在考核结果出来后支付，原则上也有固定的时间。

（3）组合工资制。工资组成中有固定部分，也有浮动部分，分别结合员工考勤和业绩考核结果进行支付，因此支付也分两次。

（4）其他项目支付时间。例如，福利、津贴、分红等及其他非经济性报酬的支付时间视企业与员工约定的具体时间而确定。

【微课堂】

> 针对一线销售岗位的薪酬支付采取哪种方式最合适？并请简述一下理由。

2.7 薪酬税收问题

薪酬体系的设计和管理在很大程度上影响着企业和员工的所得税问题，也由此产生了薪酬体系设计中的税收管理问题。薪酬体系的税收问题主要包括薪酬体系设计对企业所得税的影响和对员工个人所得税的影响两个方面。

2.7.1 薪酬税收的概念

薪酬税收对企业所得税的影响主要体现为对纳税额度的影响。企业所得税纳税额是指应纳税总额与准予扣除的项目金额的差额，主要包括人工成本中的准予扣除项目，即工资和薪金支出、员工工会经费、员工福利费、员工教育经费、各类保险基金和统筹基金、住房公积金、差旅费和佣金等。

薪酬税收对个人所得税的影响主要包括工资、薪金所得、税前扣除项目和股息、红利所得 4 个方面。国家对个人收入应纳税额的标准和计算方法有明确的规定，企业在进行工资核算时对员工个人应纳税额进行代扣代缴。

2.7.2 薪酬税收的政策

薪酬税收政策是指国家就企业向员工支付的劳动报酬征收一定税款的政策，税收的范围涉及工资、工资总额、福利、加班工资、劳动报酬、经济补偿金、社会保险费、企业所得税和个人所得税。薪酬税收政策为用人单位及劳动者对劳动报酬等税收规定的正确理解与运用提供了保障。

1. 税收范围的内容

（1）工资。工资又称薪金，是指企业每一纳税年度支付给在本企业任职的员工的所有现金形式或者非现金形式的劳动报酬，包括基本工资、奖金、津贴、补贴、年终加薪、加班工资，以及与员工任职或者受雇有关的其他支出。

国家明确规定，企业发生的合理的工资、薪金支出，准予在企业所得税税前扣除。"合理工资薪金"是指企业按照股东大会、董事会、薪酬委员会或相关管理机构制定的工资薪金制度规定实际发放给员工的工资薪金。税务机关在对工资薪金进行合理性确认时，一般遵循以下原则，如

图 2-5 所示。

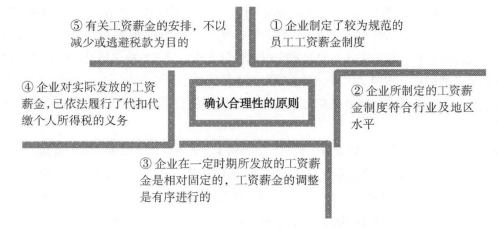

⑤ 有关工资薪金的安排，不以减少或逃避税款为目的

① 企业制定了较为规范的员工工资薪金制度

④ 企业对实际发放的工资薪金，已依法履行了代扣代缴个人所得税的义务

确认合理性的原则

② 企业所制定的工资薪金制度符合行业及地区水平

③ 企业在一定时期所发放的工资薪金是相对固定的，工资薪金的调整是有序进行的

图 2-5　税务机关对工资薪金进行合理性确认的原则

（2）工资总额。工资总额是指企业按照国家规定（即按照国家对工资的界定，也就是合理工资薪金）实际发放的工资薪金总和，不包括企业的员工福利费、员工教育经费、工会经费以及养老保险费、医疗保险费、失业保险费、工伤保险费、生育保险费等社会保险费和住房公积金。

（3）福利。国家规定，企业发生的员工福利费支出，不超过工资、薪金总额 14% 的部分，准予在企业所得税税前据实扣除，具体包括以下内容。

① 尚未实行分离办社会职能的企业，其内设福利部门所发生的设备、设施和人员费用，包括员工食堂、员工浴室、理发室、医务所、托儿所、疗养院等集体福利部门的设备、设施及维修保养费用和福利部门工作人员的工资薪金、社会保险费、住房公积金、劳务费等。

② 为员工卫生保健、生活、住房、交通等所发放的各项补贴和非货币性福利，包括企业向员工发放的因公外地就医费用、未实行医疗统筹企业员工医疗费用、员工供养直系亲属医疗补贴、供暖费补贴、员工防暑降温费、员工困难补贴、救济费、员工食堂经费补贴、员工交通补贴等。

③ 按照其他规定发生的其他员工福利费，包括丧葬补助费、抚恤费、安家费、探亲假路费等。

（4）加班工资。加班工资是指劳动者加班依法所获得的工资，应当列入工资和工资总额。

（5）劳动报酬。劳动报酬是指工资与福利的总称。

（6）经济补偿金。经济补偿金是劳动者依据《劳动合同法》在劳动合同解除或终止时所获得的补偿，其以工资和加班工资为计算基数。

（7）社会保险费。社会保险费即基本养老保险、医疗保险、生育保险、失业保险和工伤保险的保险费，通常是按照工资总额计征的。企业依法支付的社会保险费允许在企业所得税税前扣除。

（8）企业所得税。企业所得税是指企业依据《中华人民共和国企业所得税法》的规定，按照企业的应纳税所得额及税率计征的税金。

（9）个人所得税。个人所得税是指个人依据《中华人民共和国个人所得税法》的规定，按照个人的应纳税所得额及税率计征的税金。

2. 关于企业向员工发放的交通补贴、通信补贴、员工防暑降温、营销业绩奖励及实物的情况

（1）交通补贴。交通补贴属于员工福利，但也属于个人所得税应税所得额，应根据国家税务总局规定进行扣税；企业采用报销私家车燃油费等方式向员工发放交通补贴的行为，扣除一定标准的公务费用后，按照"工资、薪金"所得项目计征个人所得税。公务费用扣除标准由当地政府制定，如当地政府未制定公务费用扣除标准，按交通补贴全额的 30%作为个人收入扣缴个人所得税。

（2）通信补贴。通信补贴属于员工福利，但也属于个人所得税应税所得额。但就如何计征个人所得税，国家税务总局规定，企业向员工发放的通信补贴，扣除一定标准的公务费用后，按照"工资、薪金"所得项目计征个人所得税。公务费用扣除标准由当地政府制定，如当地政府未制定公务费用扣除标准，按通信补贴全额的 20%作为个人收入扣缴个人所得税。

（3）员工防暑降温费。根据国家税务总局《关于企业工资、薪金及员工福利费扣除问题的通知》（国税函〔2009〕3 号）第三条规定，单位发放的员工防暑降温费，应在员工福利费列支。根据《企业所得税法实施条例》第四十条规定，企业发生的员工福利费支出，不超过工资、薪金总额 14%的部分，准予扣除。既然是福利，当然属于个人所得税应税所得额，应当依法缴纳个人所得税。

（4）营销业绩奖励。按照财政部、国家税务总局《关于企业以免费旅游方式提供对营销人员个人奖励有关个人所得税政策的通知》（财税〔2004〕11 号）规定，企业和单位对营销业绩突出人员以培训班、研讨会、工作考察等名义组织旅游活动，通过免收差旅费、旅游费对个人实行的营销业绩奖励（包括实物、有价证券等），应根据所发生费用全额计入营销人员应税所得（属于工资薪金所得），依法征收个人所得税，并由提供上述费用的企业和单位代扣代缴。

（5）发放实物。企业向员工发放的实物，无论是从哪个口径直接发放，其实质都是向员工支付的工资薪金，需要列入工资薪金、福利中，是否属于工资总额需要视具体情况确定。当然如果企业是将已经列入生产经营成本的实物向员工发放，只要不构成变相销售、变相发放工资薪金、福利，则该等实物发放就不属于需要缴纳个人所得税的实物发放；否则，员工收到的实物都需要依法缴纳个人所得税。

当然，如果企业以有奖销售方式而使员工获得赠品的，员工应当对赠品所得按"偶然所得"项目计征个人所得税。赠品所得为实物的，应以《中华人民共和国个人所得税法实施条例》第十条规定的方法确定应纳税所得额，计算缴纳个人所得税。税款由举办有奖销售活动的企业（单位）负责代扣代缴。

3. 关于某些企业董事费征税的问题

（1）《国家税务总局关于印发〈征收个人所得税若干问题的规定〉的通知》（国税发〔1994〕089 号）第八条规定的董事费按劳务报酬所得项目征税方法，仅适用于个人担任企业董事、监事，且不在企业任职、受雇的情形。

（2）个人在企业（包括关联企业）任职、受雇，同时兼任董事、监事的，应将董事费、监事

费与个人工资收入合并，统一按工资、薪金所得项目缴纳个人所得税。

（3）《国家税务总局关于外商投资企业的董事担任直接管理职务征收个人所得税问题的通知》（国税发〔1996〕214号）第一条停止执行。

4．关于企业实施双薪制时扣税问题

《国家税务总局关于个人所得税若干政策问题的批复》（国税函〔2002〕629号）第一条有关"双薪制"计税方法停止执行。国家机关、事业单位、企业和其他单位在实行"双薪制"（按照国家有关规定，单位为其员工多发放一个月的工资）后，个人因此而取得的"双薪"，应单独作为一个月的工资、薪金所得计征个人所得税。

对上述"双薪"所得原则上不再扣除费用，应全额作为应纳税所得额按适用税率计算纳税，但如果纳税人取得"双薪"当月的工资、薪金所得不足800元的，应以"双薪"所得与当月工资、薪金所得合并减除800元后的余额作为应纳税所得额，计算缴纳个人所得税。

2.7.3 薪酬税收的筹划方法

随着国民经济的发展，个人收入的来源和形式日趋多样化。一些公民在取得固定收入的同时，还利用掌握的知识取得合法的劳务报酬收入。如果采用分次领取劳务报酬的办法，就可以合法节税。

1．薪酬税收筹划的方法

企业进行薪酬税收筹划常用的方法有以下两种。

（1）一次性申报纳税，即当月收入汇总在一起进行纳税。

（2）分次申报纳税。根据我国税法规定，属于一次性收入的，以取得该项收入为一次；属于同一项目连续性收入的，以一个月内取得的收入为一次。如果支付间隔超过一个月的，按每次收入额扣除法定费用后计算应纳税所得额，而间隔期不超过一个月，则合并为一次扣除法定费用后计算应纳税所得额。

所以，纳税人在提供劳务时，合理安排纳税时间内每月收取劳务报酬的数量，可以多次抵扣法定的定额（定率）费用，减少每月的应纳税所得额，避免适用较高的税率，使自己的净收益增加。

2．我国关于年终一次性奖金的税收政策

较多企业在员工薪酬体系中采用年终奖金的形式，年终一次性奖金属于员工个人收入的一部分，也应该列入纳税范围，但采用合理合法的办法可以减少年终一次性奖金的纳税额。

全年一次性奖金是指行政机关、企事业单位等扣缴义务人根据其全年经济效益和对员工全年工作业绩的综合考核情况，向员工发放的一次性奖金；也包括实行年终加薪、年薪制和绩效工资办法的单位根据考核情况兑现的年薪和绩效工资。

（1）计算步骤。纳税人取得全年一次性奖金，单独作为一个月工资、薪金所得计算纳税，并按以下计税办法，由扣缴义务人发放时代扣代缴，其计算步骤如下所示。

① 先将员工当月内取得的全年一次性奖金除以12个月，按其商数确定适用税率和速算扣除数。

②　如果在发放年终一次性奖金的当月，员工当月工资薪金所得低于税法规定的费用扣除额，应将全年一次性奖金减除"员工当月工资薪金所得与费用扣除额的差额"后的余额，按上述办法确定全年一次性奖金的适用税率和速算扣除数。

③　将员工个人当月内取得的全年一次性奖金，按上述办法确定的适用税率和速算扣除数计算征税。

（2）计算公式。

①　如果员工当月工资薪金所得高于（或等于）税法规定的费用扣除额，适用公式为：

> 应纳税额=员工当月取得全年一次性奖金×适用税率-速算扣除数

②　如果员工当月工资薪金所得低于税法规定的费用扣除额，适用公式为：

> 应纳税额=（员工当月取得全年一次性奖金-员工当月工资薪金所得与费用扣除额的差额）

另外，对每一个纳税人来说，在一个纳税年度内，该计税办法只允许采用一次。员工取得除全年一次性奖金以外的其他各种名目奖金，如半年奖、季度奖、加班奖、先进奖、考勤奖等，一律与当月工资、薪金收入合并，按税法规定缴纳个人所得税，即维持现有的计税办法。

【微课堂】

> 某职工年底 12 月工资为 8 000 元，另外一次性奖金为 50 000 元，社保与公积金个人缴纳总额为 1 000 元。请试算该职工 12 月工资应纳多少个人所得税？

2.8

薪酬的相关法规

薪酬法规是国家制定的与企业支付给员工劳动报酬相关的法律规定。现实生活中，企业薪酬政策的制定来自相关法律法规的直接指导的情况已越来越少。这并不代表政府放弃了行政管理，企业便可以肆无忌惮地按照自己的意愿来编制薪酬政策了。政府只不过是将管理与调控的方式，改变成以法律手段来进行监督管理罢了。

随着《中华人民共和国劳动法》（以下简称《劳动法》）的逐步健全，企业的薪酬制定也越来越离不开国家相关法律法规。一旦出现违法行为，企业将会受到严厉的惩罚。

2.8.1　利益分配法规

（1）我国公司法规定企业在进行利益分配时的权力。

① 企业可以根据生产经营和劳动特点，自主确定利益分配办法，可自主确定选择实行岗位工资制、技能工资制、结构工资制等工资制度。

② 企业可以自主确定适合本企业特点的利益分配形式和办法，自主确定和处理对员工的考核和工资分配事宜。

③ 企业可以按照国家有关政策自主确定和处理本企业各类人员的利益分配问题。

④ 根据本企业经济效益、劳动生产率情况以及工资总额基金的支付能力，自主确定调整员工工资水平，自主决定给员工升级或调整工资标准。

⑤ 在不违反国家有关法律法规的前提下，企业有权决定企业工资水平。

（2）企业在日常公司利益分配中出现违反国家法律法规的行为将会受到惩罚，判断企业在利益分配方面是否违法的标准包括两个方面。

① 是否符合法定及约定分配准则。这是企业利益分配是否合法的实体性衡量标准。企业利益分配准则是解决企业可以在什么情形下将资产进行分配的原则。法定分配准则的设立既为企业利益分配提供最基本的执行标准，也为债权人提供最基础的法律保护，同时更是划分企业利益分配正当与否的最为主要的依据。

② 是否按法定决策程序进行分配。这是公司利益分配是否合法的程序性衡量标准。各国公司法律就公司利益分配决策程序皆有相应的规定，随公司治理结构权力体系的不同配置，公司利益分配的决策程序也存在着差异。

（3）企业违法分配公司利益的主要表现形式。

违法分配公司利益有着多种表现形式，随各国公司法对公司利益分配性质的不同理解，其表现形式更是存在着相当的差异。但通常而言，包括以下 3 种情形。

① 违法向股东支付股息或红利。

② 违法向股东变相分配利益。

③ 股东之外的主体违法分配公司利益。

（4）企业违法分配公司利益的责任人有董事、股东、经理。

（5）企业违法分配公司利益之责任范围。

① 在违法分配总额内承担责任。

② 在接受违法分配总额内承担责任。

③ 在债权人因违法利益分配而受损的范围承担责任。

（6）追究违法分配公司利益之权利人：公司、债权人、股东。

2.8.2 最低工资法规

1. 最低工资的概念

最低工资是指劳动者在法定工作时间内履行了正常劳动义务的前提下，由其所在单位支付的最低劳动报酬。最低工资的组成包括基本工资、奖金、津贴、浮动工资以及劳动者在完成工作时所获得的奖金等。用人单位应支付给劳动者的工资在剔除下列各项以后，不得低于当地最低工资标准。

（1）延长工作时间工资。

（2）中班、夜班、高温、低温、井下、有毒有害等特殊工作环境和条件下的津贴。

（3）法律、法规和国家规定的劳动者福利待遇等。

2. 最低工资的法律规定

（1）试用期月最低工资。劳动者在试用期的工资不得低于本单位同岗位最低档工资或者劳动合同约定工资的80%，并不得低于用人单位所在地最低工资标准。

（2）集体合同中，劳动条件和劳动报酬月标准不得低于当地人民政府规定的最低月工资标准；用人单位与劳动者订立的劳动合同中劳动条件和劳动报酬等标准不得低于集体合同规定的标准。

（3）小时最低工资标准。非全日制用工小时计酬标准不得低于用人单位所在地人民政府的规定。

3. 法定最低工资标准的确定和调整

（1）最低工资标准由省、市、自治区、直辖市人民政府规定，报国务院备案。

（2）最低工资标准每两年至少调整一次。

（3）月最低工资标准的确定和调整依据，如图2-6所示。

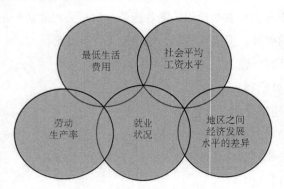

图2-6　月最低工资标准的确定和调整依据

（4）小时最低工资标准的确定和调整依据。在月最低工资标准的基础上，考虑单位应缴纳的基本养老保险费因素，同时适当考虑非全日制劳动者在工作稳定性、劳动条件和劳动强度、福利等方面与全日制就业人员之间的差异。

4. 最低工资的监督部门

最低工资的监督由县级以上地方人民政府劳动保障行政部门负责。

2.8.3　工资支付的法规

工资支付保障制度通过法律效力保障企业员工获得全部应得工资及工资支配权。相关立法包括《劳动法》《工资支付暂行规定》等。

1. 工资支付四原则

（1）货币支付原则：工资应当以法定货币支付。

（2）直接支付原则：工资支付的对象应该是劳动者本人。

（3）定期支付原则：工资必须在用人单位与劳动者约定的日期支付，禁止无故拖欠工资。

（4）全额支付原则：禁止任意克扣工资的行为。

2. 特殊情况下的工资支付规定

（1）特殊情况下的工资支付制度是指在非正常情况下对工资支付的法律规定。

（2）具体规定包括劳动者在法定标准工作时间外工作的工资支付、普通工作日加班的工资支付、休息日加班的工资支付、节假日加班的工资支付。

3. 法定节假日加班工资支付的具体说明

《劳动法》关于法定节假日加班工资计算规定如下所示。

法定节假日加班工资支付规定

第四十四条　有下列情形之一的，企业应当按照下列标准支付高于劳动者正常工作时间工资的工资报酬。

1. 安排劳动者延长工作时间的，支付不低于工资的百分之一百五十的工资报酬（150%×日工资报酬）。

2. 休息日加班又不能安排补休的，支付不低于工资的百分之二百的工资报酬（200%×日工资报酬）。

3. 法定休假日安排劳动者工作的，支付不低于工资的百分之三百的工资报酬（300%×日工资报酬）。

第五十一条　劳动者在法定休假日和婚丧假期间以及依法参加社会活动期间，用人单位应依法支付工资（100%带薪）。

《关于职工全年月平均工作时间和工资折算问题的通知》（劳社部发〔2008〕3号）内容如下。

根据《全国年节及纪念日放假办法》（国务院令第513号）的规定，全体公民的节日假期由原来的10天增设为11天。据此，职工全年月平均制度工作天数和工资折算办法分别调整如下。

标准工作时间的计算：

年工作日：365天–104天（休息日）–11天（法定节假日）=250天

季工作日：250天÷4季=62.5天/季

月工作日：250天÷12月=20.83天/月

工作小时数的计算：以月、季、年的工作日乘以每日的8小时

月工作小时数：20.83×8=166.64小时/月

在了解了工作时数的基础上进行日工资和小时工资的核算。

> 按照《劳动法》第五十一条的规定，法定节假日用人单位应当依法支付工资，即折算日工资、小时工资时不剔除国家规定的 11 天法定节假日。据此，日工资、小时工资的折算为：
>
> 日工资：月工资收入÷月计薪天数
>
> 小时工资：月工资收入÷（月计薪天数×8 小时）
>
> 月计薪天数=（365 天−104 天）÷12 月=21.75 天
>
> 日工资：月工资收入÷21.75
>
> 小时工资：月工资收入÷（21.75×8）=月工资收入÷174

4. 特殊情况下的工资支付

（1）依法参加社会活动期间的工资支付。

（2）法定休息假日及婚丧假期间的工资支付。

（3）单位停工、停产期间的工资支付。

（4）单位破产时的工资支付。

（5）病假、事假时的工资支付。

5. 特殊人员的工资支付

（1）劳动者受处分时的工资支付。

（2）学徒工、熟练工、大中专毕业生在学习期、熟练期、见习期、试用期及转正定级后的工资支付。

2.8.4 工资集体协商的法规

下面是《工资集体协商试行办法》中关于工资集体协商的内容，供读者参考。

> **第一部分 总 则**
>
> 1. 为规范工资集体协商和签订工资集体协议（以下简称"工资协议"）的行为，保障劳动关系双方的合法权益，促进劳动关系的和谐稳定，依据《中华人民共和国劳动法》和国家有关规定，制定本办法。
>
> 2. 中华人民共和国境内的企业依法开展工资集体协商，签订工资协议，适用本办法。
>
> 3. 本办法所称工资集体协商，是指职工代表与企业代表依法就企业内部工资分配制度、工资分配形式、工资收入水平等事项进行平等协商，在协商一致的基础上签订工资协议的行为。工资协议，是指专门就工资事项签订的专项集体合同。已订立集体合同的，工资协议作为集体合同的附件，并与集体合同具有同等效力。
>
> 4. 依法订立的工资协议对企业和职工双方具有同等约束力。双方必须全面履行工资协议规定的义务，任何一方不得擅自变更或解除工资协议。

5. 职工个人与企业订立的劳动合同中关于工资报酬的标准，不得低于工资协议规定的最低标准。

6. 县级以上劳动保障行政部门依法对工资协议进行审查，对协议的履行情况进行监督检查。

第二部分　工资集体协商内容

7. 工资集体协商一般包括以下内容。

（1）工资协议的期限；

（2）工资分配制度、工资标准和工资分配形式；

（3）职工年度平均工资水平及其调整幅度；

（4）奖金、津贴、补贴等分配办法；

（5）工资支付办法；

（6）变更、解除工资协议的程序；

（7）工资协议的终止条件；

（8）工资协议的违约责任；

（9）双方认为应当协商约定的其他事项。

8. 协商确定职工年度工资水平应符合国家有关工资分配的宏观调控政策，并综合参考下列因素。

（1）地区、行业、企业的人工成本水平；

（2）地区、行业的职工平均工资水平；

（3）当地政府发布的工资指导线、劳动力市场工资指导价位；

（4）本地区城镇居民消费价格指数；

（5）企业劳动生产率和经济效益；

（6）国有资产保值增值；

（7）上年度企业职工工资总额和职工平均工资水平；

（8）其他与工资集体协商有关的情况。

第三部分　工资集体协商代表

9. 工资集体协商代表应依照法定程序产生。职工一方由工会代表。未建工会的企业由职工民主推举代表，并得到半数以上职工的同意。企业代表由法定代表人和法定代表人指定的其他人员担任。

10. 协商双方各确定一名首席代表。职工首席代表应当由工会主席担任，工会主席可以书面委托其他人员作为自己的代理人；未成立工会的，由职工集体协商代表推举。企业首席代表应当由法定代表人担任，法定代表人可以书面委托其他管理人员作为自己的代理人。

11. 协商双方的首席代表在工资集体协商期间轮流担任协商会议执行主席。协商会议执行主席的主要职责是负责工资集体协商有关组织协调工作，并对协商过程中发生的问题提出处理建议。

12. 协商双方可书面委托本企业以外的专业人士作为本方协商代表。委托人数不得超过本方代表的1/3。

13. 协商双方享有平等的建议权、否决权和陈述权。

14. 由企业内部产生的协商代表参加工资集体协商的活动应视为提供正常劳动，享受的工资、奖金、津贴、补贴、保险福利待遇不变。其中，职工协商代表的合法权益受法律保护。企业不得对职工协商代表采取歧视性行为，不得违法解除或变更其劳动合同。

15. 协商代表应遵守双方确定的协商规则，履行代表职责，并负有保守企业商业秘密的责任。协商代表任何一方不得采取过激、威胁、收买、欺骗等行为。

16. 协商代表应了解和掌握工资分配的有关情况，广泛征求各方面的意见，接受本方人员对工资集体协商有关问题的质询。

第四部分　工资集体协商程序

17. 职工和企业任何一方均可提出进行工资集体协商的要求。工资集体协商的提出方应向另一方提出书面的协商意向书，明确协商的时间、地点、内容等。另一方接到协商意向书后，应于20日内予以书面答复，并与提出方共同进行工资集体协商。

18. 在不违反有关法律、法规的前提下，协商双方有义务按照对方要求，在协商开始前5日内，提供与工资集体协商有关的真实情况和资料。

19. 工资协议草案应提交职工代表大会或职工大会讨论审议。

20. 工资集体协商双方达成一致意见后，由企业行政方制作工资协议文本。工资协议经双方首席代表签字盖章后成立。

第五部分　工资协议审查

21. 工资协议签订后，应于7日内由企业将工资协议一式三份及说明，报送劳动保障行政部门审查。

22. 劳动保障行政部门应在收到工资协议15日内，对工资集体协商双方代表资格、工资协议的条款内容和签订程序等进行审查。

劳动保障行政部门经审查对工资协议无异议，应及时向协商双方送达《工资协议审查意见书》，工资协议即行生效。

劳动保障行政部门对工资协议有修改意见，应将修改意见在《工资协议审查意见书》中通知协商双方。双方应就修改意见及时协商，修改工资协议，并重新报送劳动保障行政部门。

工资协议向劳动保障行政部门报送经过15日后，协议双方未收到劳动保障行政部门的《工资协议审查意见书》，视为已经劳动保障行政部门同意，该工资协议即行生效。

23. 协商双方应于5日内将已经生效的工资协议以适当形式向本方全体人员公布。

24. 工资集体协商一般情况下一年进行一次。职工和企业双方均可在原工资协议期满前60日内，向对方书面提出协商意向书，进行下一轮的工资集体协商，做好新旧工资协议的相互衔接。

第六部分　附则

25. 本办法对工资集体协商和工资协议的有关内容未做规定的，按《集体合同规定》的有关规定执行。

26. 本办法自发布之日起施行。

注：《工资集体协商试行办法》于2000年10月10日经劳动和社会保障部部务会议通过，部长张左已于2000年11月8日以第9号令发布，自发布之日起施行。

2.8.5 补偿与赔偿的法律法规

经济补偿金在性质上讲具有劳动贡献补偿和社会保障的双重功能,其产生基于国家法律、法规的规定,是国家干预劳动关系的法律结果。赔偿金则是指企业或员工因违反合同约定或因自己的故意或过失,给对方造成实际损失即构成侵权行为时,承担给付对方一定数量的金钱的责任形式,也称损害赔偿。

1. 经济补偿金的构成要件

经济补偿金是法定的,因此,其构成要件主要是法律、法规的相关规定。

(1)当事人违反了劳动法律、法规。

(2)给对方造成了实际损失。

(3)责任方存在过失,包括故意和过失。

(4)这种过失与损失之间存在因果关系。

2. 经济补偿金与赔偿金的区别

(1)适用条件不同。法律对两者的适用条件都有明确规定,并不相同。支付经济补偿金的条件比较简单,强调的是向劳动者倾斜;而赔偿金强调的是对损失的一种赔偿。

(2)主观过错不同。经济补偿金不考虑主观过错,而赔偿金是强调过错责任的。

(3)单向或双向不同。经济补偿金是单向的;而赔偿金是双向的,既有企业向员工赔偿,也有员工向企业赔偿。

(4)支付标准也不同。如果员工遭遇违法解除时,企业应当依法向员工支付赔偿金,支付标准是经济补偿金的两倍。

(5)法律性质不同。经济补偿金是对劳动者的补偿,而赔偿金是对过错方的惩罚。

3. 关于经济补偿金与赔偿金的相关法律规定

(1)《中华人民共和国劳动合同法》(以下简称《劳动合同法》)第四十七条规定:经济补偿金按劳动者在本单位工作的年限,每满一年支付一个月工资的标准向劳动者支付。六个月以上不满一年的,按一年计算;不满六个月的,向劳动者支付半个月工资的经济补偿金。

劳动者月工资高于用人单位所在直辖市、设区的市级人民政府公布的本地区上年度员工月平均工资三倍的,向其支付经济补偿的标准按员工月平均工资三倍的数额支付,向其支付经济补偿的年限最高不超过十二年。本条所称月工资是指劳动者在劳动合同解除或者终止前十二个月的平均工资。

(2)《劳动合同法》第九十七条规定:本法施行前已依法订立且在本法施行之日存续的劳动合同,继续履行;本法第十四条第二款第三项规定连续订立固定期限劳动合同的次数,自本法施行后续订固定期限劳动合同时开始计算。

(3)《劳动合同法》第四十八条规定:用人单位违反本法规定解除或者终止劳动合同,劳动者要求继续履行劳动合同的,用人单位应当继续履行;劳动者不要求继续履行劳动合同或者劳动合同已经不能继续履行的,用人单位应当依照本法第八十七条规定支付赔偿金。

(4)《劳动合同法》第八十七条规定:用人单位违反本法规定解除或者终止劳动合同的,应当依照本法第四十七条规定的经济补偿标准的二倍向劳动者支付赔偿金。

（5）《中华人民共和国劳动合同法实施条例》第二十五条规定：用人单位违反《劳动合同法》的规定解除或者终止劳动合同，依照《劳动合同法》第八十七条的规定支付了赔偿金的，不再支付经济补偿。

赔偿金的计算年限自用工之日起计算。在此，条例明确规定赔偿金的计算年限自用工之日起，很明显是偏向劳动者的。

【微课堂】

假如某公司行政系统的一般管理人员工资为1 500元，部分岗位的工资只达到最低生活保障的标准线。同时，公司实行25天工作日，每周只允许休息一天，上班的周末不算加班，不支付加班工资。公司也无带薪休假、住房公积金等。请简述该公司违反了哪些法律法规的规定。

复习与思考

1. 常见的薪酬体系是哪5种？
2. 进行企业薪酬总额承受能力分析时应该从哪几个方面着手？
3. 简述薪酬结构的3大类型。
4. 薪酬预算的目的有哪几种？
5. 国家规定的三费是哪三费？三费提取标准比例分别是多少？
6. 平时加班费、公休日加班费、节假日加班费的计算标准分别是日工资的多少倍？

知识链接

IBM的"长板凳计划"

IBM认为人员的继任计划不是某一时间段的事情，而是人才管理的持续过程。

IBM要求主管级以上员工将培养手下员工作为自己业绩的一部分。每个主管级以上员工从上任开始，都有一个硬性指标：确定自己的位置在一两年内由谁接任；三四年内由谁接任；甚至你突然离开了，谁可以接替你，由此发掘出一批有才能的人。

技能实训

设计一份技术人员的薪酬构成体系表模板

A 集团成立于 2001 年，是大型综合性软件与信息服务企业，提供 IT 咨询服务、IT 技术服务、IT 外包服务，涉及政府、制造、金融、电信与高科技等主要信息技术行业。公司现在需要对技术人员的薪酬构成体系做分析，其薪酬构成体系表将作为后期薪酬发放的参照指标，请你根据本章所学内容设计一份技术人员的薪酬构成体系表。科研人员构成及项目所占系数如表 2-16 所示。

表 2-16　　　　　　　　　　科研人员薪酬构成及项目所占系数

薪酬类型	代表符号		内　容	项目所占系数	合　计
基本薪酬	A	A1	岗位薪酬	0.2	0.6
		A2	技能薪酬	0.3	
		A3	住房补贴	0.08	
		A4	学习补贴	0.02	
	B		工龄工资	200/年	
可变薪酬	C	C1	考勤奖金	0.05	0.4
		C2	绩效薪酬	0.1	
		C3	效益薪酬	0.05	
		C4	项目津贴	0.2	

说明：A 代表基本薪酬，A1、A2、A3、A4 分别代表岗位薪酬、技能薪酬、住房补贴、学习补贴。B 代表工龄工资。C 代表可变薪酬，C1、C2、C3、C4 分别代表考勤奖金、绩效薪酬、效益薪酬、项目津贴。项目系数根据指标的考评等级进行调整，使得总体的薪酬结构更加合理。

第3章 | 工作分析与岗位评价

【本章知识导图】

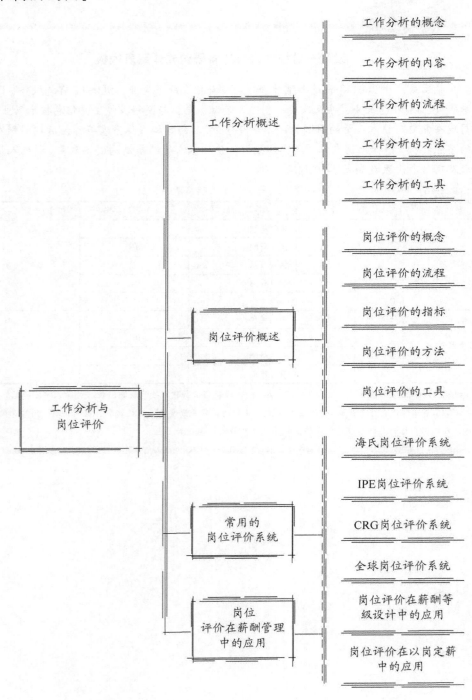

【学习目标】

职业知识	● 了解工作分析与岗位评价的定义及内容
	● 明确工作分析与岗位评价的方法、工具及流程
职业能力	● 灵活运用工作分析与岗位评价的方法、工具及流程，做好工作分析与岗位评价
	● 能够熟练运用常用的四大岗位评价系统，做好岗位评价工作
职业素质	具备优秀的分析能力、接受能力以及沟通能力

3.1

工作分析概述

工作分析是了解企业内的一种职位并以一种格式把与这种职位有关的信息描述出来，从而使其他人能了解这种职位的过程。工作分析是职位评价的前提和基础，企业只有对职位进行系统而全面的分析后，才能了解职位的特点、价值、决定职位存在价值的关键因素等，才能对该职位在企业内部的价值进行准确定位。本节主要从工作分析的定义、内容、作用、方法、工具、流程 6 个方面对工作分析进行详细阐述。

3.1.1　工作分析的概念

工作分析也叫作岗位分析、职位分析，主要是指通过系统地收集、确定与企业目标职位有关的信息，对目标职位进行研究分析，最终确定目标职位的名称、督导关系、工作职责与任职要求等的活动过程。

工作分析是现代人力资源管理的一项核心基础职能，它是一种应用系统方法，是借助一定的手段收集、分析、确定企业中岗位的定位、岗位的目的、岗位职责、管理幅度与垂度、工作权限、工作环境、实用工具、任职条件、考核指标等基本因素的过程。

工作分析的成果主要包括两种，即职位说明书（Job Description）和职位分析报告（Job Specification）。其中，职位说明书是指描述企业内的一种职位并以一种格式把与这种职位有关的信息描述出来，从而使其他人能了解这种职位的过程，是对职位设置目的、汇报关系、任职要求、主要职责、衡量标准、工作权限、工作方式、主要流程及制度等方面做充分的、详细的分析及说明。

3.1.2　工作分析的内容

企业进行工作分析的主要内容如下所述。

1. 基本信息

基本信息包括这个职位的名称、任职者的名字，是不是从属于一个小的部门，任职人的主管的名称，任职人和主管人的签字。

2. 设立岗位的目的

该部分描述这个职位为什么存在，如果不设立该职位会有什么后果。

3．工作职责和内容

这是最重要的部分，可以按照职责的轻重程度列出这个职位的主要职责，每项职责的衡量标准是什么；列出工作的具体活动、发生的频率，以及它所占总工作量的比重。

在收集与分析信息时，可以询问现在的任职者从事了哪些和本职无关的工作，或者他认为他从事的这些工作应该由哪个部门去做，就可以区分出他的、别人的和他还没有做的工作。

4．职位的组织结构图

职位的组织结构图包括职位的上级主管是谁，职位名称是什么；跟它平行的是谁；它的下属有哪些职位以及有多少人。以它为中心，把各相关职位画出来。

5．职位的权力与责任

职位的权力与责任的内容如表 3-1 所示。

表 3-1　　　　　　　　　　　　　　　职位的权力与责任一览表

权力与责任的类型	具 体 说 明
财务权	资金审批额度和范围
计划权	做哪些计划及做计划的周期
决策权	任职者独立做出决策的权力有哪些
建议权	是对公司政策的建议权，还是对某项战略以及流程计划的建议权
管理权	要管理多少人，管理什么样的下属。下属中有没有管理者，这些管理者是中级管理者，还是高级管理者；有没有技术人员
自我管理权	工作安排是以自我为主，还是以别人为主
经济责任	要承担哪些经济责任，包括直接责任和间接责任等
在企业声誉和内部组织方面的权力和责任	如他的工作失误给公司带来什么样的影响等

6．与工作关联的信息

与工作关联的信息就是这个职位在企业的内部和外部，包括与政府机构、供应商、客户之间发生怎样的沟通关系，沟通的频率和方式是什么样的，是谈判沟通还是日常信息的交流。

7．职位的任职资格

职位的任职资格如表 3-2 所示。

表 3-2　　　　　　　　　　　　　　　　职位的任职资格

序号	资 格 内 容
1	从业者的学历和专业要求
2	工作经验
3	专业资格要求
4	专业知识方面要求
5	职位所需要的技能：沟通能力、领导能力、决策能力、写作能力、外语水平、计算机水平、空间想象能力、创意能力等
6	个性要求：这一项是选择性的。若有其他方面，如职位要求的最佳年龄段、身体状况、身高等，也可以在其他要求里注明
7	与岗位培训有关的内容，有的也在培训需求中体现

8. 职位的工作条件

职位的工作条件需说明如职位的体力消耗程度、压力、耐力、精神紧张程度等；是否需要经常出差，出差的频率；这个工作是否有毒、有害，有没有污染等；用电、爆炸、火警等安全性方面的知识；给经济和政治可能带来的危险等。

9. 职位需使用的设备和工具

使用职位需要的设备和工具，如所从事的工作需要机床、计算机、扫描仪等。

10. 劳动强度和工作饱满的程度

劳动强度是指如工作姿势，是坐着还是站着，是否需要弯腰等；对耐力、气力、坚持力、控制力、调整力的要求；是否执行倒班制度；实行弹性的工作时间，还是固定的工作时间，抑或是综合的计时制等。

工作饱满程度是指是否要经常超负荷工作，或半负荷，甚至超低负荷，还是刚刚达到饱满程度。可以听一听任职者的建议，从而确定人员编制。

11. 工作特点

（1）工作的独立性程度。有的工作独立性很强，需要自己做决策，不需要参考上一级的指示或意见。有的工作需要遵从上级的指示，不能擅自做主。

（2）复杂性。工作是要分析问题并提出解决办法，还是只需找出解决办法。工作是需要创造性，还是不能有创造性。

12. 职业发展的道路

这个职位可以晋升到哪些职位，可以转换到哪些职位，以及哪些职位可以转换到这个职位，这些有助于未来做职业发展规划。

13. 被调查人员的建议

向被调查人员提出一些开放式的问题，如"你认为这个岗位安排的工作内容是否合理？""在业务上是否需要做一些调整？"请任职者提出一些建议，是一个很好的收集建议的途径。

3.1.3 工作分析的流程

企业在进行工作分析时通常遵循以下流程。

1. 准备阶段

（1）明确进行工作分析的对象。所需资源包括企业长短期的战略及经营目标，组织结构图，部门的性质、任务及岗位编制等。

（2）确定分析方法。根据企业实际情况确定工作分析的方法并设计访谈提纲及问卷内容。

2. 调查阶段

（1）进行工作分析问卷调查。

（2）业务经理配合人事部考察工作流程、环境和关键步骤。

（3）与管理层员工及重点岗位员工进行面谈并做好记录。

3．分析阶段

（1）根据工作调查反馈的信息，归纳出部门应完成的具体任务。

（2）根据任务按事件的性质进行分类。

（3）将主要关系列出，找出分类间的相互关系。

4．整理分析结果

（1）根据各工作分析的信息草拟工作分析报告。

（2）将拟定的工作说明书与实际对比。

（3）综合各方面因素，最终确定工作分析的结果。

3.1.4　工作分析的方法

企业进行工作分析的常用方法主要有观察法、问卷调查法、面谈法等几大类，具体介绍如下。

1．观察法

观察法是指工作分析人员通过对员工正常工作的状态进行观察，获取工作信息，并在此基础上通过比较、分析、汇总等方式，得出工作分析成果的方法。观察法适用于体力工作者和事务性工作者，如搬运员、操作员、文秘等职位。由于不同的观察对象的工作周期和工作突发性有所不同，所以观察法具体可分为直接观察法、阶段观察法和工作表演法。

2．问卷调查法

工作分析人员首先要拟订一套切实可行、内容丰富的问卷，然后由员工进行填写。问卷法适用于脑力工作者、管理工作者或工作不确定因素很大的员工，如软件设计人员、行政经理等。问卷法比观察法更便于统计和分析。

国外的组织行为专家和人力资源管理专家研究出了多种科学的，也很庞大的问卷调查方法。其中比较著名的有工作分析调查问卷（PAQ）、阀值特质分析方法（TTA）和职业分析问卷3种。

3．面谈法

面谈法也称采访法，它是通过工作分析人员与员工面对面的谈话来收集职位信息资料的方法。在面谈之前，工作分析人员应该准备好面谈问题提纲，一般在面谈时能够按照预定的计划进行。面谈法适用于脑力职位者，如开发人员、设计人员、高层管理人员等。

麦考米克于1979年提出了面谈法的一些标准，如图3-1所示。

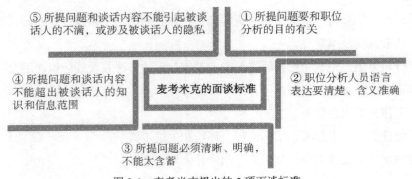

图3-1　麦考米克提出的5项面谈标准

4．其他方法

（1）参与法。参与法也称职位实践法，顾名思义，就是工作分析人员直接参与到员工的工作中去，扮演员工的工作角色，体会其中的工作信息。参与法适用于专业性不是很强的职位。

（2）典型事件法。如果员工太多，或者职位工作内容过于繁杂，应该挑选具有代表性的员工和典型的事件进行观察，从而提高工作分析的效率。

（3）工作日志法。工作日志法是由员工本人自行进行的一种工作分析方法。事先应该由工作分析人员设计好详细的工作日志单，让员工按照要求及时地填写职位内容，从而收集工作信息。

（4）材料分析法。如果工作分析人员手头有大量的工作分析资料，如类似的企业已经做过相应的工作分析，比较适合采用本办法。这种办法最适用于新创办的企业。

（5）专家讨论法。专家讨论法是指通过请一些相关领域的专家或者经验丰富的员工做讨论，来进行工作分析的一种方法。这种方法适用于发展变化较快，或职位职责还未定型的企业。

上述这些工作分析方法既可单独使用，也可结合使用。由于每个方法都有自身的优点和缺点，所以每个企业应该根据本企业的具体情况进行选择，最终目的是一致的，即为了得到尽可能详尽、真实的职位信息。

3.1.5　工作分析的工具

不同的工作分析方法所使用的工具是不同的，常用的工作分析工具包括访谈提纲、现场观察记录单、调查问卷、关键事件记录单、工作日志等。现举两例说明。

1．访谈提纲模板

下面是一份访谈提纲模板，如表 3-3 所示。

表 3-3　　　　　　　　　　　　　　　　　访谈提纲模板

岗位基本信息
1．您的姓名、所在岗位、担任的职务
2．所在部门，直接上级领导是谁
3．从事本岗位多长时间，您所在岗位的人员配置情况
岗位设置的目的
工作结果要达到什么样的标准，该岗位在整个企业中的地位如何
工作职责
1．您每天必须做的工作是什么，您是如何做的，工作中您认为最大的困难是什么
2．请描述您一天的工作，并对这些工作按照重要程度的不同进行排序
3．工作中有无突发事件需要立即处理的？若有，发生的频率大概是多少？请举一个具体的实例简要地描述一下您是如何处理的
工作权限
1．在工作中，您有哪些权限
2．为了更好地展开工作，您觉得还应增加哪些权限

续表

工作关系	
1. 在工作过程中，您需要和哪些人员发生联系（包括企业内部和外部）	
2. 若工作联系密切，在联系过程中有无发生过摩擦？若有，发生的频率是多少，一般最后是怎么解决的	
工作时间	
1. 您正常的工作时间从几点到几点，平常有无加班	
2. 工作期间任务是否分布均匀	
3. 工作期间是否经常出差	
工作环境	
1. 请简要地描述一下您的工作环境	
2. 工作有无职业病或其他危险发生	
3. 您对目前的工作环境有何改善的建议	
工作设备	
请描述工作中需要使用哪些设备，并说明使用的频率	
1. 一般使用	
2. 经常使用	
3. 偶尔使用	
岗位任职资格说明	
1. 您认为胜任本岗位的最低学历要求是什么	
2. 本岗位对工作经验有什么要求	
3. 胜任本岗位具体需要具备哪些能力？并举一至两个实例说明	
4. 其他要求	
其他补充事项	
1.	
2.	

2. 现场观察记录单模板

表 3-4 所示是一份对超市理货员的现场观察记录单模板。

表 3-4　　　　　　　　　　现场观察记录单模板

被观察者姓名		观察日期		观察时间	7:30am～11:30am
观察者		岗位名称	超市理货员	所属部门	百货部

一、观察内容

1. 工作地点：超市卖场

2. 准备的内容：按时上班（7:30am），更换工作服（7:30～7:35），整理着装，佩戴胸卡于左胸口处

3. 工作的主要内容及时间安排（理货员正式开始工作，时间：7:35）

工作的主要内容	时间
（1）查看交接班记录	7:35～7:38
（2）计算机查询所在部门的变价商品并打印新价签	7:38～7:45
（3）将打印好的新价签摆放到该商品对应的位置	7:45～7:50
（4）检查所在区域内货物摆放是否整齐、商品和其对应的价签是否相符	7:50～8:05
（5）检查货架上商品是否需要补货、是否有过期或破损包装的商品	8:05～8:15
（6）货架上补货原则：重量重、体积大的商品放在下面，重量轻、体积小的商品放在上面；生产日期早的商品放在外侧，近的放在里侧；过期或包装破损的商品立即下架，放回库房处理	8:15～8:25

续表

被观察者姓名		观察日期		观察时间	7:30am～11:30am
观察者		岗位名称	超市理货员	所属部门	百货部
工作的主要内容					时间
（7）做好迎宾准备					8:25～8:30
（8）服务顾客：为两位顾客提供商品方面的信息、引路					8:40～8:45
（9）商品补货					8:50～8:55
（10）查看计算机库存，并对库存不足的商品向主管报告并建议订货					8:56～9:00
（11）主管进行工作任务分配					9:01～9:10
（12）呼叫保洁员做地面清洁：因一顾客不小心打碎了一个杯子					9:12～9:20
（13）到仓管收货处收货					9:20～9:30
（14）库房整理					9:30～9:45
（15）商品销售					9:30～11:30
（16）销售工作期间离开卖场一次，去员工休息室休息片刻					10:05～10:15
（17）准备用餐					11:35～12:35
二、所处的工作环境					
卖场，相对一般环境较嘈杂					

【微课堂】

> 某公司有 125 人，其中，业务代表 40 人，生产/操作工 22 人，技术支持工程师 31 人，销售工程师 15 人，销售经理 17 人。请你利用本节所学内容为公司选择一种比较好的工作分析方法并说明原因。

3.2 岗位评价概述

岗位评价是企业进行薪酬设计的前提和基础。通过岗位评价确定职位等级，进而确定各岗位的薪酬等级。岗位评价是从具体职务整体出发，或者选择决定职务状况的多种因素，测定各因素的作用和重要程度，是连接工作分析和薪酬设计的重要桥梁。工作分析和岗位评价都是为了解决企业薪酬内部公平性的问题。

3.2.1 岗位评价的概念

岗位评价又称工作评价、职位评价，是在工作分析的基础上采用一定的方法对企业中各种工作岗位的性质、责任大小、劳动强度、所需资格条件等特征进行评价，以确定岗位相对价值的过程。

在进行岗位评价前需要获取一些与岗位评价相关的资料，包括岗位名称，岗位编码，岗位所属单位，上下级单位，岗位上下级领导关系，岗位工作内容、职责、权利，任职条件，劳动条件与环境，岗位对员工的综合素质要求（如体能、技能等）。

3.2.2 岗位评价的流程

总体来说，企业在进行岗位评价时应分为 3 个阶段，即准备阶段、实施阶段、完善与维护阶段，且每个阶段均有着不同的工作内容和操作方法。

1. 准备阶段

（1）岗位评价目的确定。进行岗位评价时，首先要明确岗位评价的目的。本章所述岗位评价的结果主要用于为实现企业的战略目标而确定薪酬决策。

（2）企业现状分析。企业现状包括企业战略目标、行业特性、企业规模、组织结构、生产流程、目前经营状况以及人员状况等。

（3）岗位说明书确定。岗位说明书是工作分析的重要成果，其中包含了岗位职责、权限、任职资格、工作环境等重要的岗位信息，是岗位评价信息来源的主要途径。

（4）成立岗位评价委员会。岗位评价委员会是岗位评价的组织与执行机构，在岗位评价过程中担负着重要职责。其职责包括根据工作分析的结果，进行岗位评价体系设计，选择评价方法，并对相应岗位做出评价，形成岗位等级结构等。

（5）选择标杆岗位。标杆岗位是指在大多数企业中都存在的，且岗位职责和任职资格条件差异不大的一般化岗位。标杆岗位一般占企业全部岗位的 10%～15%，非标杆岗位的相对价值通过与标杆岗位的岗位评价结果相对比而得出。

（6）建立岗位评价体系。根据工作分析结果划分岗位类别，针对不同岗位类别选择适当的岗位评价方法，确定岗位评价指标、各指标的分级定义以及指标权重。

2. 实施阶段

（1）对参与评价者进行培训。培训的内容主要包括岗位评价的目的、意义、评价方法、评价流程、评价技术等。企业选择不同的岗位评价方法，其操作流程与操作重点也不一样。

（2）开始岗位评价。对非标杆岗位进行初评，了解岗位评价体系并对岗位评价体系的科学性和实用性进行检验。确认无误后开始正式评价，形成岗位等级结构。

（3）建立申诉机制和程序。不断与员工交流，使评价的目的、方法、标准等透明化，建立申诉机制和程序，给员工发表见解的机会与途径。

3. 完善与维护阶段

本阶段最重要的工作是将岗位评价结果形成书面报告。岗位评价结束后，应及时对岗位评价的过程、使用的方法、流程等进行整理，编制成书面报告，并在实施过程中及时验证与完善整个评价体系。

3.2.3　岗位评价的指标

岗位评价指标是企业在进行岗位评价的过程中，将劳动责任、劳动技能等主要影响因素根据需要分解成的若干细化了的评价要素。

1.　岗位评价指标的选择原则

岗位评价指标的选择原则如表 3-5 所示。

表 3-5　　　　　　　　　　　　　　岗位评价指标的选择原则一览表

原则	具 体 说 明
实用性	选择评价指标时，必须从企业的实际出发，全面体现岗位劳动的特点，以提高岗位劳动评价的应用价值
普遍性	所选择的岗位评价指标应该是对不同岗位的劳动具有普遍的适用性和代表性，而不是仅仅适用于或反映个别的特殊劳动。因此，要结合企业的生产实际情况，确定与企业生产劳动密切相关的具有代表性或共性的反映劳动量及差别的指标
可评价性	评价指标具有可评价性，评价结果才具有科学性，才能体现岗位劳动的差别。因此，所选择的评价指标在实际运用过程中，可以采用现有的技术和方法，能按统一的评价标准做出独立的评价，并且能定量化或数量化
全面性	评价指标的全面性是指评价因素能全面反映生产岗位劳动者的劳动状况和劳动量，体现不同岗位的差别劳动，反映出岗位劳动对企业劳动成果的贡献。因此，对影响岗位劳动诸因素的选择既不能遗漏，也不能重复，必须从多方面选择多个评价因素，通过多因素综合评价来实现全面、科学的评价

2.　岗位评价指标的选择方法

选择岗位评价指标的方法多种多样，目前大多数企业都采用以下两种方法。

（1）因素分析法。从企业的实际出发，对企业生产和岗位劳动状况进行全面分析，并遵循选择指标原则，找出影响和决定岗位劳动状况和劳动量的所有因素，然后确定评价指标。

选择过程应该是由表及里、由粗到细、层层分析，即从总体到局部，从粗到细的过程。

（2）A、B、C 分类权重法。该方法是根据"重要的少数和次要的多数"的基本原理确定各因素权数的简便方法，也是在管理统计分析中常用的主次因素分析法，即将指标体系中的所有因素按其重要程度和对岗位劳动量的影响程度进行分类排队，然后分别用不同的权数对各类因素进行不同权重设定。具体步骤如下所示。

① 排队阶段。首先对各因素进行分析，然后根据企业岗位劳动的特点和各因素对岗位劳动量的影响程度及其重要程度，将全部因素按其重要性依次排列。

② 分类阶段。将全部因素划分为 3 类。A 类：主要因素，占全部因素的 10%左右。B 类：次要因素，占全部因素的 20%左右。C 类：一般因素，占全部因素的 70%左右。

③ 权重设定阶段。根据因素分类结果，即可对 A、B、C 3 类因素赋予 3、2、1 的不同权数。

每个行业或企业生产经营状况各不相同，劳动环境和条件各有差异，因此，在开展岗位评价时，应结合自身的实际情况，从中选择合适的评价指标。

3.2.4　岗位评价的方法

企业应选择科学、合理的方法进行岗位评价，岗位评价结果关系到岗位的薪酬水平高低，影响着薪酬水平的外部竞争性和内部公平性，进而影响着企业人员的稳定性。因此，岗位评价方法对于企业来说非常关键。

常用的岗位评价方法有定性和定量两大类，定性岗位评价方法有岗位分类法、排序法、岗位参照法等，定量岗位评价方法有因素比较法、因素计分法等。另外，国际上还有两个著名的岗位评价方法，即海氏三要素评估法和美世国际岗位评估法。

岗位评价的方法

1. 岗位分类法

岗位分类法是指将企业所有岗位根据岗位工作职责、任职条件等不同要求，分为各种类别。例如，按照岗位层级分为经营层岗位、管理层岗位和基层操作层岗位，按照不同序列又分为行政人事类岗位、财务投资类岗位、营销类岗位、技术研发类岗位和生产制造类岗位等。然后，根据每一类岗位确定一个岗位价值范围，并且对同一类岗位进行排序，从而确定每一个岗位的相对价值。

2. 排序法

排序法又叫排列法或序列法，包括交替排序和配对排序。该方法是将工作视为一个整体，根据对企业的贡献大小，将岗位从高到低进行排序，通常适用于岗位比较简单的企业。对于规模较大的企业来说，首先以部门为单位对岗位进行排序，再对每个部门进行排序，并确定相应的系数，通过系数进行转化，确定每个岗位的价值大小。

简单排序法易出现主观倾向，应通过培训提高评价人员的价值判断力，或可通过重复评价 3 次取平均值来消除主观误差。

3. 岗位参照法

岗位参照法指企业事先建立一套较合理的标准岗位价值序列，然后其他岗位比照已有的标准岗位来进行评估。企业有一套合理的岗位价值序列，当新增岗位需要进行价值评估时，就可以参照标准岗位进行了。

4. 因素计分法

该方法是将所有岗位的工作特性抽象成若干计酬要素，然后将岗位的具体内容与这些要素标准相比较，得到每个岗位的价值分数，最后通过分数排序得到岗位价值序列。因素计分法是一种定量分析方法。这种方法可避免一定的主观随意性，但操作起来较烦琐。

5. 因素比较法

因素比较法最初是计分法的一个分支。因素比较法将所有岗位的内容抽象为若干个要素，比较普遍的做法是将岗位内容抽象成下述 5 种因素：智力、技能、体力、责任及工作条件。根据每个岗位对这些要素的要求不同，得出岗位价值。

首先，将各因素区分成多个不同的等级。然后，再根据岗位的内容将不同因素和不同的等级对应起来，等级数值的总和就是该岗位的岗位价值。

岗位评估方法就是将评价因素分为 4 个维度，即责任、知识技能、努力程度和工作环境，并将每一维度分为若干因素，共有大约 39 个评价因素，然后对每一岗位按事先设定的标准进行打分，最后得出岗位评估的结果。

3.2.5 岗位评价的工具

在实际操作中，岗位评价工具有很多。下面给出两例表单工具，即技术岗位评估量表（部分）和岗位评估要素量表（部分），如表3-6、表3-7所示。

表 3-6　　　　　　　　　　　　　　　技术岗位评估量表（部分）

要素指标	细化指标及权重	等级	分 级 标 准	分值(单位:分)
知识技能（10%）	学历（20%）	1	高中及以下	
		2	大专	
		3	本科	
		4	硕士及以下	
	专业知识（20%）	1	了解本岗位的相关规范和操作程序	
		2	系统地掌握本岗位的相关规范和操作程序,并具备基本的实践操作经验	
		3	系统地掌握本岗位的相关规范和操作程序,有基本的实践操作经验,并了解目前该行业（技术）国内外发展的状况	
		4	专业知识功底深厚且有自己独到的见解和创意	
	业务技术知识（15%）	1	仅掌握本专业领域的基本知识	
		2	掌握本专业领域的主要知识	
		3	较好地掌握本专业领域的系统知识	
		4	在本专业领域具有深厚的技术知识积累	
	相关职业资格证书（10%）	1	取得相关专业的初级职业资格证书	
		2	取得相关专业的中级职业资格证书	
		3	取得相关专业的高级职业资格证书	
	专业技术掌握程度（35%）	1	一般,能解决日常技术工作	
		2	有一定的深度,可进行新项目、新技术的研发工作	
		3	可以负责整个项目的技术管理工作	
		4	可以负责整个企业的技术管理工作	
劳动技能（35%）	工作经验（15%）	1	从事本职工作一年及以下	
		2	从事本职工作 2～3 年	
		3	从事本职工作 3～5 年	
		4	从事本职工作 5 年及以上	
	基本操作能力（35%）	1	掌握职位说明书中规定的本岗位的、最基本的、应知应会的操作事项	
		2	精通本岗位的某一方面的专业能力,可以组织解决一些小课题	
		3	精通本专业,有较强的技术分析能力,负责组织、指导某一项目或课题的研发工作	
		4	全面领导本企业重大项目的技术工作	
	组织策划能力（15%）	1	组织策划的方案存在严重的缺陷,几乎很难保证项目的顺利完成	
		2	组织策划的方案有一定的可行性,在实践中若做出相应的调整,基本能够保证项目按要求完成	

续表

要素指标	细化指标及权重	等级	分级标准	分值（单位：分）
劳动技能 （35%）	组织策划能力（15%）	3	组织策划的方案有较强的可行性，能够保证项目按要求完成	
		4	组织策划的方案有很强的可行性，并制定了相应的保障措施，能够保证项目按要求完成	
	创新能力（35%）	1	所从事的基本都是程序化的工作，若出现新情况，须向上级领导请示	
		2	部分工作需要自己独立分析判断，并能对具体技术工作提出创新性建议	
		3	部分工作需要通过钻研和努力来完成，在工作的关键环节上进行技术和方法创新且被证明提高了效率，解决了问题，具备较强的创新能力	
		4	能利用现有的资源不断取得技术上的突破	
劳动责任 （35%）	质量责任（25%）	1	较小，只是从事一些辅助性的工作	
		2	较大，直接负责产品检测的部分指标工作	
		3	很大，对产品质量的关键指标负主要责任	
	技术责任（40%）	1	微小，对企业技术管理工作影响不大	
		2	较小，对企业技术管理工作影响较小	
		3	较大，对企业技术管理工作影响较大	
		4	重大，对企业技术管理工作影响重大	
	安全管理责任（15%）	1	做好自己的本职工作即可，对企业的安全生产影响甚微	
		2	负责所在部门的生产管理工作，对企业的安全生产影响较大	
		3	对整个企业的安全生产管理工作负主要责任，需要具备丰富的专业知识和较强的预见能力	
	管理幅度（20%）	1	受直接上司的领导	
		2	直接领导下属3~5人	
		3	负责领导整个项目小组的工作	
		4	负责领导整个技术部门的工作	

表3-7　　　　　　　岗位评估要素量表（部分）

因素	等级	界限说明	分值
职权	1	完全按照指令进行工作，无须思考	
	2	承办一项或几项具体工作，并且要提出初步处理意见或建议	
	3	分管一项或几项工作，提出具体方案，直接做出决定	
	4	协助部门正职领导负责一个或几个方面的工作	
	5	负责部门的全面工作	
	6	协助公司领导负责公司多个部门的工作	
	7	负责公司的全面工作	
风险控制	1	无任何风险	
	2	仅有一些小的风险，一旦发生问题，不会给公司造成多大影响	
	3	有一定的风险，一旦发生问题，会给公司造成明显的影响	
	4	有较大的风险，一旦发生问题，会给公司带来较严重的损害	
	5	有极大的风险，一旦发生问题，对公司造成不可挽回的影响，导致公司经济危机乃至倒闭	

续表

因素	等级	界限说明	分值
直接成本/费用控制	1	工作疏忽不可能造成成本费用等方面的损失	
	2	工作疏忽只会造成较小的损失	
	3	工作疏忽会造成较大的损失	
	4	工作疏忽会造成重大的损失	
	5	工作疏忽会造成不可估量的损失	

【微课堂】

> 某公司人力资源部要对公司所有岗位进行评价，假如人力资源经理要你来做这件事。试问，你对岗位评价了解多少？如何着手进行岗位评价？请详细说明。

3.3 常用的岗位评价系统

目前，常用的岗位评价系统有海氏岗位评价系统、IPE 岗位评价系统、CRG 岗位评价系统和全球岗位评价系统，各系统分别有其操作的独特性及优势。

3.3.1 海氏岗位评价系统

海氏岗位评价系统实质上是一种评分法，是定量分析的一种，是由美国工资设计专家艾德华·海在 1951 年开发的。该系统适用于管理类、技术类岗位。

1. 岗位薪酬要素

（1）三要素的内容。系统将岗位薪酬要素进一步抽象为具有普遍适用性的三要素，即技能水平、解决问题能力和风险责任，每一个薪酬要素又分别由数量不等的子因素构成，具体如表 3-8 所示。

表 3-8　　　　　　　　　　　　　　　职位薪酬三要素一览表

薪酬要素	解释说明	子因素
技能水平	技能水平是指使绩效达到可接受的程度，所必须具备的专业理论知识及其相应的实际操作技能	专业知识：对所在领域的理论、方法、技术等的理解程度，分为基本的、初等业务的、中等业务的、高等业务的 管理技能：为达到职务绩效水平而必需的计划、组织、执行、控制及评价等管理能力 人际能力：有关激励、沟通、协调、培养等人际关系技巧

薪酬要素	解释说明	子 因 素
解决问题能力	解决问题能力是指任职者在工作中发现、诊断、分析问题，并提出解决问题的方法的能力	思维环境：环境对工作岗位承担者紧松程度或应变能力，分为高度常规的、常规性的、半常规性的、标准化的、明确规定的、广泛规定的、一般规定的和抽象规定的 8 个等级 思维难度：按解决问题所需创造性由低到高分为重复性的、模式化的、中间型的、适应性的和无先例的 5 个等级
风险责任	风险责任是指任职者行为对工作结果的影响程度及相应的岗位责任大小	行动自由度：是任职者工作时间受指导和控制的程度，分为有规定的、受控制的、标准化的、一般性规范的、有指导的、方向性指导的、广泛性指引的、战略性指引的和一般性无指引的九个量级 行为结果的作用：分为后勤性、辅助作用、分摊性、主要作用 4 个级别 行为结果的经济性影响：分为微小的、少量的、中级的和大量的 4 个等级，并有相应的金额范围

（2）要素的标尺性评价量表。系统针对三大要素相应地设计了 3 套标尺性评价量表，将所得分值加总，算出各个工作岗位的相对价值，如表 3-9、表 3-10 和表 3-11 所示。

表 3-9　　　　　　　　　　　　　技能水平评定量表

人际技能		管理技能														
		基础的			相关的			多样的			广博的			全面的		
		关键的	基本的	重要的	关键的	基本的	重要的	关键的	基本的	重要的	关键的	基本的	重要的	关键的	基本的	重要的
专业知识	基本的															
	初等业务的															
	中等业务的															
	高等业务的															
	基本专门技术的															
	熟练专门技术的															
	精通专门技术的															
	权威专门技术的															

表 3-10　　　　　　　　　　　　　解决问题能力评定量表

		思维难度				
		重复性的	模式化的	中间型的	适应性的	无先例的
思维环境	高度常规性的					
	常规性的					
	半常规性的					
	标准化的					
	明确规定的					
	广泛规定的					
	一般规定的					
	抽象规定的					

表 3-11　　　　　　　　　　　　　职务责任评定量表

行为结果经济性影响		微少的				少量的				中量的				大量的			
行为结果的作用		间接		直接		间接		直接		间接		直接		间接		直接	
		后勤	辅助	分摊	主要	后勤	辅助	分摊	主要	后勤	辅助	分摊	主要	后勤	辅助	分摊	主要
行为自由度	有规定																
	受控制																
	标准化																
	一般的																
	有指导																
	方向性指导																
	广泛性指导																
	战略性指导																
	无指导																

技能水平、解决问题能力和风险责任这 3 个要素在加总评价分数时，实际上被归结为以下两个方面。

（1）技能水平与解决问题能力的乘积，反映的是一个工作岗位人力资本存量使用性价值，即该工作岗位承担者所拥有的技能水平（人力资本存量）实际使用后的绩效水平。

（2）风险责任反映的是某工作岗位人力资本增量创新性价值，即该工作岗位承担者利用其主观能动性进行创新所获得的绩效水平。

2. 海氏岗位评价的操作流程

海氏岗位评价是一种非常有效、实用的岗位测评方法。海氏岗位评价的操作流程分为以下 6 步。

（1）选取标杆岗位。标杆岗位选择有 3 个原则：够用（过多则不精简，过少非标杆岗位则很难安排）、好用（岗位可以进行横向比较）、中用（标杆岗位一定要能够代表所有的岗位）。注意，同一个部门价值最高的岗位和价值最低的岗位一定都要选取。

（2）标杆岗位的工作说明书确认。工作说明书是岗位测评的基础，可有效避免测评者对所有标杆岗位不是很清晰时凭主观印象对岗位打分。

（3）成立专家评估小组。评估小组的人员由外部专家与内部测评人员两部分组成。外部专家站在中立、客观的角度进行测评。内部测评人员要对企业的业务和职位非常了解，而且要有良好的品德，能客观公正地评价事务。

（4）对评估小组培训。聘请外部专家给测评者培训，使其在从事测评工作前全面了解海氏测评法的设计原理、逻辑关系、评分过程、评分方法。

（5）对标杆岗位进行海氏评分。海氏评价法的培训讲师选出两个标杆岗位并进行对比打分，详细阐述打分的过程和缘由，其他人员随从演示，直到掌握全部打分技术。测试完毕后应对测试结果统计分析，专家认为测试结果满意后再全面铺开测评工作。

（6）计算岗位的海氏得分并建立岗位等级。计算出各标杆岗位的平均分后，算出每位评分者的评分与平均分的离差，去除离差较大（超出事先设定标准）的分数，避免有些测评者为了本部门的利益或对某些职位不熟悉而导致评分有较大偏差。将标杆岗位按分数从高到低进行排序，并按一定的分数差距（级差可根据划分等级的需要而定）对标杆岗位分级分层。然后，再将非标杆岗位按其对应的标杆岗位安排到相应的层级中。

3.3.2　IPE 岗位评价系统

IPE 岗位评价系统又称国际岗位评估系统（International Position Evaluation，IPE），可适用于不同行业、不同规模的企业中的岗位比较。国际岗位评估系统（IPE）包括 4 个必需的因素和一个可选的因素：影响 、沟通、创新、知识和危险性（可选）。此系统由评价指标、评价标准、评价技术方法和数据处理等若干个系统构成，这些子系统相互联系、相互衔接、相互制约，从而构成具有特定功能的有机整体。

1.　岗位评价指标

管理学中，把影响生产岗位价值的劳动责任、劳动技能、劳动心理、劳动强度、劳动环境，称为生产五要素。从这 5 个方面进行岗位评价，能较全面科学地反映岗位的劳动消耗和不同岗位之间的劳动差别。为了便于对五因素进行定量评定或测定，根据企业生产岗位实际情况和管理状况，又将每个因素进行分解，分为 24 个指标。这 24 个指标按照指标的性质和评价方法不同，可分为以下两类。

（1）评定指标。该指标包括劳动技能和劳动责任及劳动心理等 14 个指标。

（2）测定指标。该指标包括劳动强度和劳动环境等 10 个指标，指标可用仪器或其他方法测定。

评价生产岗位的 5 个因素、24 个指标较全面地体现了各行业生产岗位劳动者的劳动状况。但具体对每个行业或企业而言，由于生产经营情况各不相同，劳动环境和条件各有差异，因此，在进行岗位评价时，应具体结合各自的实际情况，从中选择合适的评价指标。

2.　岗位评价标准

岗位评价标准是指对岗位评价的方法、指标及指标体系等方面所做的统一规定。它包括评价指标标准和评价技术方法标准。岗位评价必须采用统一的标准，这样评价结果才具有科学性、可比性。企业应将国家颁布的有关标准和行业标准作为评价标准，应用国家标准规定的方法和技术进行评价；对于暂时还没有国家标准的部分，则根据制定国家标准的基本思想和要求制定统一的评价标准。

3.　岗位评价技术方法

岗位评价的因素较多，涉及面广，需要运用多种技术和方法才能对多个评价因素进行准确的测定或评定，最终做出科学的评价。

4.　岗位评价结果的加工和分析

数据的加工整理过程揭示了各种因素之间的相互关系，并通过整理使这种关系用数量关系表现出来，使各岗位间的差异性表现出来，明确地反映不同工作性质、不同工作责任、不同工作环境和不同工作场所的岗位劳动之间的区别与联系，以达到数据资料配套、规范的目的，更好地完成数据资料的有机配合、完整配套、规范统一的任务。

对这些加工整理以后的资料进行分析研究是整个岗位评价工作的重要环节。评价结果的分析研究工作是对整个评价工作的综合和分析，分析质量的好坏直接影响着评价结果的运用效果。

总之，岗位评价系统的各个子系统都具有特定的功能和目的，同时它们又是相互联系、相互作用和相互依赖的。它们采用各种专业技术方法，从不同的角度全面、准确地反映劳动量的大小，为实现企业现代化管理提供客观科学的依据。

3.3.3 CRG 岗位评价系统

CRG（Corporate Resources Group）本身是国际资源管理咨询集团开发使用的岗位评价系统，这个系统运用的方法叫"CRG 岗位评价法"。这种方法有一套比较系统的评价标准及指标，常用的评价指标如表 3-12 所示。

表 3-12　　　　　　　　　　　　　　CRG 岗位评价法常用指标

指标内容	具 体 说 明
组织影响力	在企业起什么作用，对企业的影响有多大，规模有多大
监督治理	管理多少个部门，管理多少人，管理什么样的岗位
责任范围	独立性怎样，责任的宽度和广度
沟通技巧	交往频度如何，技巧难度多大
工作复杂性	要求什么样的学历，要求什么样的经验
解决问题的难度	是不是需要有很强的创造性
环境条件	什么样的工作条件

3.3.4 全球岗位评价系统

全球岗位评价系统又称全球职等系统（GGS），是 Watson Wyatt（华信惠悦）公司专有的岗位评估软件工具。该系统包含 25 个等级架构，通过其确定企业整体最高岗位等级，并进行职等归类；再详细分析各岗位的专业知识、业务专长、团队领导、影响性质、影响领域、人际关系技巧等多方面因素，进行全方位的平衡比较，以计算机软件的形式实现评估。

1. 全球岗位评价系统的特点

（1）岗位评估的因素与等级/程度的定义为衡量岗位提供了标尺。这些因素皆经过精心挑选与定义，与其等级/程度描述为岗位评估奠定了可靠一致的基础。

（2）岗位评估定义的措辞不可能保证岗位鉴别的绝对精确。评估工具必须由文字建构，而评估工作本身则必须立足于对岗位的正确判断。

（3）正确的评估结果是由具备公正精神和真知灼见的评估成员，始终应用成熟的岗位评价工具，经过谨慎的思考做出最佳判断的结果。

2. 全球岗位评价系统进行岗位评价的原则

企业在进行岗位评价时，为确保岗位评价的一致性，必须遵守以下基本规则。

（1）评价必须基于岗位要求、岗位职责和任职条件开展。

（2）只考虑岗位要求，而非个体任职者在此岗位上的表现。

（3）评价不可超越岗位包含信息的准确性与完整性。

（4）避免岗位头衔影响评估。评估成员若掺杂岗位等级的主观判断，不仅将降低岗位评估等级的公信力，还将降低其有效性。

（5）避免个人偏见或成见影响判断。岗位评价过程中成员常见的偏见包括受个人因素的影响、受岗位主导因素等级/程度描述的影响、受岗位部门的影响、将市场数据纳入岗位评估流程。

【微课堂】

某公司岗位的要素分如表 3-13 所示，3 个岗位的两组因素权重分配为（30%，70%）、（60%，40%）、（25%，75%），请你运用海氏岗位评价法计算下面 3 个岗位的评价总分。

表 3-13　　　　　　　某公司岗位的要素

要素得分　　　岗位	技能水平得分	解决问题的能力得分	职务责任得分
策划总监	1 500	90%	1 250
网络工程师	250	70%	300
生产主管	175	20%	83

3.4 岗位评价在薪酬管理中的应用

3.4.1　岗位评价在薪酬等级设计中的应用

岗位评价在薪酬等级中的应用主要表现在以下 8 个方面。

（1）岗位评价的结果可以是分值形式，也可以是等级形式，还可以是排序形式。

（2）对应关系既可以是线性关系，也可以是非线性关系。

（3）岗位评价的主要考虑因素是工作内容、职责、权利、任职条件、劳动条件与环境等。

（4）薪酬等级是在岗位评价结果基础上建立起来的，它将职位价值相近的岗位归入同一个管理等级，并采取一致的管理方法处理该等级内的薪酬管理问题。

（5）薪酬等级划分的考虑要素包括企业文化、企业所属行业、企业员工人数、企业发展阶段、企业组织架构。

（6）等级越多，薪酬管理制度和规范要求越明确，但容易导致机械化；等级越少，相应的灵活性也越高，但容易使薪酬管理失去控制。

（7）薪酬等级包括分层式薪酬等级类型和宽泛式薪酬等级类型。

（8）岗位评价是岗位等级的前提和基础，薪酬等级的划分需建立在岗位等级的基础上。

3.4.2 岗位评价在以岗定薪中的应用

岗位评价在企业薪酬管理中是一项基础性工作，只有确定了岗位的价值，才能确定相应岗位的科学合理的薪酬标准。由此可见，岗位评价是以岗定薪的前提和基础。

1. 岗位评价和以岗定薪的关系

（1）要实施按劳分配、公平分配，发挥薪酬的激励作用，就必须通过对各岗位进行价值评估和以岗定薪来实现。

（2）现代企业管理要求建立适应现代企业制度和市场竞争要求的薪酬分配体系，岗位评价和以岗定薪是新型薪酬管理体系的关键环节。

（3）发挥薪酬的激励和约束作用要求建立与员工能力、贡献对等的薪酬分配机制，在制度上需通过岗位评价和以岗定薪来实现。

以岗定薪是建立在岗位评价的基础上的，不是简单地按岗位等级确定薪酬水平。岗位等级是以岗定薪的一个因素，但不是全面的因素，确定岗位薪酬必须进行科学的岗位评价。因此，岗位评价和以岗定薪是现代企业实现科学的人力资源管理、充分发挥人力资源能动性的必要手段。二者是相互结合、不可分离的。

2. 岗位评价和以岗定薪的步骤

岗位评价和以岗定薪共分为 4 个阶段，即准备阶段、调查阶段、分析阶段和实施阶段，这 4 个阶段是相互联系、相互影响的，每个阶段均有不同的操作重点，主要工作内容如表 3-14 所示。

表 3-14 岗位评价和以岗定薪的步骤

步骤	主要工作内容
准备阶段	主要任务是以精简、高效为原则组成工作小组，明确工作分析的意义、目的、方法、步骤，向有关人员宣传、解释工作的必要性，确定调查和分析对象并考虑对象的代表性
调查阶段	通过编制各种调查问卷和提纲，灵活运用各种调查方法，对岗位的工作内容、工作过程、工作方法、工作环境以及相应岗位任职人员的素质要求等进行全面的调查，广泛收集进行岗位评估所需的相关资料、数据
分析阶段	通过仔细审查搜集到的数据、资料，归纳总结、分析，运用排序、分类、打分等方法来确定各类岗位的价值，完成岗位定价工作
实施阶段	根据以上分析结果及得出的相关数据编写岗位说明书，竞聘上岗，以岗定薪

进行岗位评价和以岗定薪的根本目的就是要发挥薪酬机制的激励和约束作用，最大限度地调动员工的主动性、积极性和创造性。企业要实现这一目的，就应该把薪酬与绩效相关联、与员工贡献相关联、与员工能力相关联。这就要求建立科学可行的绩效考核体系，对员工的绩效进行定期考评，全面了解员工完成工作的情况，及时发现存在的问题，并提出改进措施。

通过对员工的绩效考核，奖优罚劣。绩效考核结果可作为员工竞争上岗、人员调整的主要依据。因此，岗位评价和以岗定薪这套科学并行之有效的管理方法，如果与科学有效的绩效考核体系联系起来，将对企业薪酬管理、员工管理起到非常大的帮助作用。

【微课堂】

　　某公司业务发展迅猛，急需招聘一批人才。公司让人力资源部在网上或者其他渠道搜集大量简历，并集中邀约。试问，如何在短期内搜集到众多符合公司需求的简历？

复习与思考

1. 工作分析的定义是什么？
2. 请简述工作分析有哪些作用？
3. 岗位评价常用方法有哪些？
4. 岗位评价流程分为几个阶段？每个阶段分别对应着哪些具体工作？
5. 四大岗位评价系统分别是什么？

知识链接

阿里巴巴非管理岗位的级别划分

　　阿里的非管理岗分为10级，其中，P6、P7、P8需求量最大，也是阿里占比最大的级别。P序列指技术岗，M序列指管理岗。具体分类如表3-15所示。

表3-15　　　　　　　　　阿里巴巴岗位级别划分

级别	基本定义	对应级别
P1、P2	一般空缺，为非常低端的岗位预留	
P3	助理	
P4	初级专员	
P5	高级工程师	
P6	资深工程师	M1 主管
P7	技术专家	M2 经理
P8	高级专家	M3 高级经理
P9	资深专家	M4（核心）总监
P10	研究员	M5 高级总监

技能实训

设计一份岗位说明书模板

为了确保职位说明书编制的合理性，人力资源工作者应严格按照起草和修改岗位说明书的相关要求，制定出相应模板，为后续岗位说明书的编制打好基础，如表 3-16 所示。根据本章所学内容，请设计一份岗位说明书模板。

表 3-16 岗位说明书模板

基本信息	岗位名称		职位编号	
	所属部门		直接上级	
岗位概述				
任职资格	学历			
	专业			
	工作经验			
	能力素质			
	业务了解范围			
工作关系	内部			
	外部			
职责细化描述				
岗位职责	职责一			
	工作任务	1.		
		2.		
	职责二			
	工作任务	1.		
		2.		
	职责三			
	工作任务	1.		
		2.		
	职责四			
	工作任务	1.		
		2.		

第4章 薪酬诊断与市场调查

【本章知识导图】

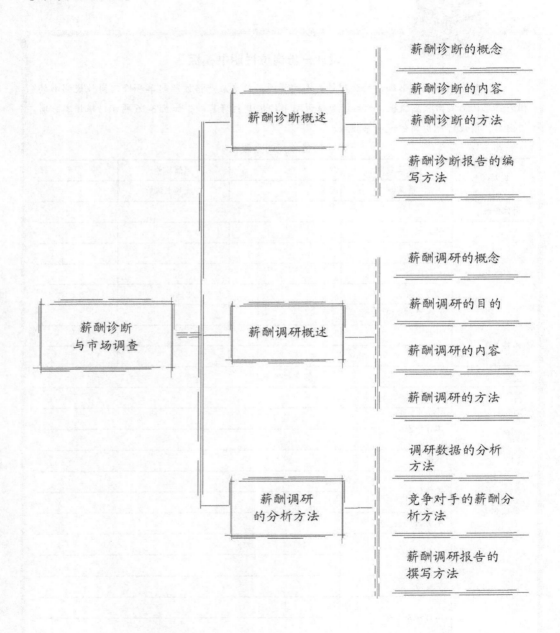

【学习目标】

职业知识	● 了解薪酬诊断与薪酬调查的概念及内容 ● 明确薪酬诊断与薪酬调查的方法
职业能力	● 灵活运用薪酬诊断报告的编写方法，编写薪酬诊断报告 ● 灵活运用薪酬调研的方法，进行薪酬调研工作 ● 能够统计、分析以及发现数据或信息之间存在的联系，撰写薪酬调研报告
职业素质	具备优秀的沟通能力、协调能力、分析能力及文字和语言运用能力

4.1 薪酬诊断概述

4.1.1 薪酬诊断的概念

薪酬诊断是企业通过科学的方法获取一系列与企业薪酬、成本、销售相关的数据，结合企业财务报表，对该数据进行分析、汇总，从而发现当前薪酬实施中存在的问题。

4.1.2 薪酬诊断的内容

薪酬诊断的内容主要包括薪酬体系诊断，工资总额诊断，奖金、福利诊断和薪酬总额诊断等，具体如表 4-1 所示。

薪酬诊断的内容

表 4-1　　　　　　　　　　薪酬诊断的项目与主要内容

薪酬诊断的项目	主 要 内 容
薪酬体系诊断	（1）现行薪酬的作用如何 （2）与企业的经营方针是否一致 （3）是否有利于生产效率、管理水平和技术水平的提高 （4）是否实现了对外竞争性和内部稳定性 （5）是否有利于调动员工工作的积极性 （6）企业经营者对薪酬体系持什么态度 （7）有无改善薪酬管理的愿望 （8）现行薪酬体系存在什么问题 （9）相关工作人员对现行薪酬体系有什么建议或意见
工资总额诊断	工资总额诊断是指对工资、津贴、奖金、各种福利费等伴随劳动力的使用支付的全部费用的管理，根据企业支付能力，判断工资总额的规定是否适当，即根据企业财务报表，对工资总额的管理状况进行诊断。其主要内容包括以下 3 点。 （1）工资总额是参照同行业平均水平确定的，还是根据本企业平均水平决定的 （2）决定工资总额时是否与工会进行了协商，是否考虑了员工的意见 （3）工资总额的确定是否考虑了企业工资费用的支付能力
奖金、福利诊断	奖金、福利是对企业有功者进行的奖励和对员工生活提供的补助。发放奖金、福利的原因是多种多样的，有利润分配，有对工资总额的调节。发放奖金、福利的方法也是多种多样的，有一律平均的，有强调考核的，有突出工作成绩的，有重视年功的，有重视全面考查的。奖金、福利诊断的重点包括以下 4 点

续表

薪酬诊断的项目	主 要 内 容
奖金、福利诊断	（1）奖金、福利的设计与发放是否与企业的经营方针、人事方针紧密相连 （2）奖金、福利的发放目的和发放方法是否考虑到企业的经营性质和经营特点 （3）奖金、福利的浮动是否与企业的经营特点相关联 （4）奖金、福利总额的决定方法和分配方式是否妥当
薪酬总额诊断	主要分析企业的薪酬总额是怎么确定的，各组成项目的额度确定是否科学合理，是否与企业的实际情况相结合，是否在企业的经济承受范围内

4.1.3 薪酬诊断的方法

为保证薪酬诊断的有效性，企业在进行全面的薪酬诊断时一般应从以下4个层面开始。

1. 企业战略

薪酬体系应与企业战略紧密相连，并根据企业核心岗位的工作性质和特点，制定合理的绩效激励方式。

2. 企业员工

员工对薪酬的满意度来源于薪酬获得的数字与其期望之间的关系，以及员工对自己和他人薪酬值的比较。员工不仅关注薪酬水平的绝对值，而且关心薪酬是否反映自身的劳动价值，以及自身劳动价值和他人的比较；关心薪酬制度和过程的透明度，解决自我公平和过程公平的问题；关心不同岗位的员工是否有同等的晋级和晋升机会等。

3. 对外竞争性

企业在进行薪酬水平确定前，可通过对市场的薪酬水平调查和招聘手段了解人才市场薪资水平等，以全面、系统、合理地掌握人才市场薪酬水平，确保本企业薪酬水平的竞争性。

4. 财务成本层面

财务成本层面是企业愿意为员工付酬的意愿体现，也是体现企业分析人工成本投入产出效率的一个重要角度。通过从财务视角的研究，企业管理人员可以了解到企业对员工的投入能够给企业带来的价值回报。财务成本层面主要分析的内容包括总体人工成本、人工成本变化趋势、人工成本回报分析等。

薪酬管理不但要支持企业的发展战略，而且要满足股东的投资回报率，更要重视员工对激励的感知。因此，薪酬激励是一个较为敏感的管理领域，全面的薪酬诊断是薪酬激励体系优化的起点和基础，只有全面地诊断目前薪酬体系存在的问题，明确薪酬体系优化的重点，才能使薪酬管理更加合理和规范。

4.1.4 薪酬诊断报告的编写方法

在薪酬诊断结束后应及时编写薪酬诊断报告书，及时记录在诊断过程中发现的问题，以及针对发现的问题对薪酬体系重新设计的重点内容。

因此，编写薪酬报告时应该包括以下9项基本内容。

（1）报告编写的目的。

（2）报告期企业的实际状况分析。进行实际状况分析的目的是通过对企业整体现状的分析判断，为下一步对企业薪酬体系的分析和薪酬体系的设计提供参考资料，具体包括以下 5 个方面。

① 企业的战略目标和市场定位。

② 企业的组织架构图和部门业务流程图。

③ 企业的人力资源基本状况。

④ 企业文化的基本状况。

⑤ 企业现状分析的基本结论。

（3）薪酬体系诊断的观点与原则。此部分内容包括薪酬体系在整个企业管理体系中的作用和地位，薪酬体系设计与诊断的基本原则。

（4）薪酬体系的现状分析。分析内容包括战略现状、薪酬管理制度现状、薪酬结构现状、内部管理机制、薪酬体系 5 部分内容。

分析这 5 部分内容的目的在于，根据企业的基本情况、薪酬体系诊断与设计的原则以及企业的战略侧重点等相关内容，对企业的薪酬体系进行全面的分析，形成基本理论，以此作为对企业薪酬体系重新设计完善的基础。

（5）目前薪酬体系的作用和地位。

（6）目前企业的绩效奖金机制分析。企业绩效奖金机制分析的主要内容包括绩效奖金机制的相关制度及实施现状、在业务方面企业平台和个人平台的区分、企业当前绩效奖金机制分析。

（7）企业的沟通机制分析。

（8）薪酬体系分析的结论。

（9）薪酬体系优化设计的构想。

【微课堂】

S 公司是一家化妆品销售企业，建立初期，业务发展迅猛，销售利润很高。后来，由于受化妆品市场的影响，公司利润开始下滑，因此，必须建立一套既适应公司发展阶段又具有激励作用的薪酬体系。请问，如果让你对公司薪酬进行诊断，你该从哪些方面着手？

4.2

薪酬调研概述

4.2.1 薪酬调研的概念

薪酬调研是指企业在进行薪酬体系编制前，对企业内外部相关行业、相关岗位的薪酬实施情况，采用科学的方法进行调查研究的过程。

4.2.2 薪酬调研的目的

企业进行薪酬调研的最根本目的是解决企业薪酬水平的内外部均衡性问题。

企业薪酬水平的外部均衡性主要是指企业的薪酬水平与同地域同行业的薪酬水平应该保持一致或具有一定的竞争性，不能偏离太大。外部均衡性失调表现在两个方面。一是远远高于外部薪酬水平，这样会增加企业的人力资源成本。二是远远低于外部薪酬水平，造成企业薪酬失去外部竞争性，人员流动率加大，不利于吸引和留住人才。

企业薪酬水平的内部均衡性主要是指企业的经济承受能力能够支撑薪酬的正常实施，企业内部各岗位员工之间的薪酬水平及员工不同时间段、不同工作状态下的薪酬水平均能根据实际情况科学反映。

因此，在实现以上根本目的的同时，企业进行薪酬调研获得的数据还具有诸多作用，包括了解市场薪酬状况、保持企业竞争位置、制定薪酬政策参考、确定人工成本标准、确定职位起薪基点和作为劳动关系双方沟通的依据。

4.2.3 薪酬调研的内容

薪酬调研的内容包括企业外部薪酬调研和企业内部薪酬调研两大部分。

1. 企业外部薪酬调研

企业外部薪酬调研主要是从以下5个方面进行。

（1）同行业企业近年来薪资增长状况。

（2）同行业企业相关岗位的薪资数据。

（3）同行业企业相关人员薪酬结构。

（4）同行业企业为内部员工提供了哪些内在报酬。

（5）同行业企业未来的薪酬走势分析。

2. 企业内部薪酬调研

内部薪酬调研主要通过以下6个方面进行。

（1）几年来本企业的薪资增长状况。

（2）本企业各岗位的薪资数据。

（3）本企业各类人员薪酬结构。

（4）本企业为内部员工提供了哪些内在报酬。

（5）本企业的未来薪酬走势分析。

（6）本企业员工对薪酬相关政策的满意度。

4.2.4　薪酬调研的方法

1．企业外部薪酬调研的方法

企业外部薪酬调研的方法主要有 5 种。

（1）企业之间互调。相关企业人力资源管理部门可以采取联合调研的形式，共享相互之间的薪酬信息。调研可以采用座谈会、问卷调查等多种形式。

（2）委托中介机构、专业机构进行调查。委托中介机构、专业调研机构根据企业的要求进行薪酬调研。

（3）从政府部门、职介等机构公开的信息中了解。例如，招聘会上企业发布的招聘信息，人才、职介等招聘就业机构发布的招聘信息。

（4）从招聘面试中获得。在企业对外招聘时，可要求应聘人员提供以往工作中的相关企业的薪酬待遇信息。

（5）从其他就业辅导机构获得。例如，通过报刊、求职广告等渠道获取调研信息。

2．企业内部薪酬调研的方法

企业内部薪酬调研的方法主要有问卷调查法、座谈法两种形式。座谈法要求人力资源工作人员事先对座谈内容进行设计，再根据设计好的问题一一对员工进行面谈。

【微课堂】

　　A 公司是一家网络技术公司，为了加强在同行业中的竞争力，现要重新编制薪酬体系，但在编制薪酬体系之前，人力资源部经理要你负责薪酬调查。试问，你该如何开展薪酬调研？薪酬调研的内容有哪些？

4.3 薪酬调研的分析方法

4.3.1 调研数据的分析方法

在进行外部薪酬调研时，要用与本企业员工相同的工作标准进行工作评估，并各自提供真实的薪酬数据，只有这样才能保证薪酬调研的准确性。除此之外，还应在不同时期针对不同职位性质的员工进行内部调研了解，掌握其满意度和需求动向。

在分析同行业的薪酬数据后，要根据企业的状况选择合理的薪酬水平。企业薪酬水平不仅能影响企业的对外竞争力，还能影响企业产品在市场上的竞争力。提高企业薪酬水平固然能提高企业竞争力，但同时也会增加企业的人力资源成本。

企业常用的调研数据分析的方法有以下3种。

（1）频率分析法。当被调研企业没有给出准确的薪酬水平数据，而只给出该企业平均薪酬情况时，可以采取频率分析法，记录在各薪酬额度内各企业平均水平出现的频率，从而了解这些企业或某些岗位的薪酬水平。

（2）数据排序法。数据排序法指将调研的同一类数据由高至低排列，再计算出数据排列的中间数据，即25%点、50%点和75%点处。

（3）回归分析法。回归分析法指借用一些数据统计软件（如SPSS）所提供的回归分析功能，分析两种或多种数据之间的关系，从而找到影响薪酬水平、薪酬差距的主要因素及其影响程度，进而对薪酬水平或者薪酬差距的发展趋势进行预测。

4.3.2 竞争对手的薪酬分析方法

竞争对手一般是指与本企业属于同一个行业，或在生产技术、产品上具有一定的相似性，能在劳动力市场上带来人员竞争的企业。企业在制定薪酬体系前需要选择本企业所在行业进行薪酬相关情况的调查研究。参照竞争对手的薪酬实施情况来编制本企业的薪酬体系，以保证本企业的薪酬水平在市场上实现竞争性。

分析竞争对手的薪酬时，具体要注意以下3点。

（1）明确调研岗位及相应岗位的主要工作内容。只有在保证所调研岗位的主要工作内容与本企业相一致的情况下，才能实现薪酬的可比性。如果岗位的主要工作内容存在较大的差别，则薪酬也应该进行相应的增减。

（2）同一调研时间。调研时间不能相距太远，必须与企业要实施薪酬政策的时间基本上属于同一时间段；不是用竞争对手过去的薪酬作为本企业现在的实施标准，也不是用竞争对手将来的薪酬水平作为本企业目前的参照，而是必须保证在同一时期。

（3）明确调研方式。调研方式取决于企业操作的便利程度及企业愿意为调研支付的费用预算，企业根据实际情况采用企业间互调、聘请专门机构、通过政府部门发布的信息等各种不同形式进行调研。

4.3.3　薪酬调研报告的撰写方法

薪酬调研报告主要是对薪酬调研数据的整理、分析和应用，并将调研报告应用于实际工作中。

1. 薪酬调研报告的内容

（1）根据薪酬调研报告制作不同职务人员的薪酬分布表。依据薪酬调研数据按四分位法分类，以了解薪酬分布状况；再依据最低薪酬与最高薪酬的差距，求出每项职位薪酬的平均数、中位数及标准差。

（2）描绘出所有受调研岗位的薪酬曲线。这条调研曲线包括所有调研职务，在绘制出调查曲线后可与本企业目前的薪酬曲线相比较，以检视本企业的实际薪酬地位。

（3）检讨本企业薪酬策略。根据本企业的薪酬策略，选择适合本企业的行业薪酬水平分位点，以作为本企业薪酬水平确定的参考数据。

（4）调整本企业薪资曲线。所谓薪资曲线调整，是指调整本企业的薪酬曲线，使之与调研后的薪酬曲线保持适当的关系，但在调整过程中由于报告的处理过程需要时间，因此调研数据仍然可能产生时差。

2. 使用薪酬调研报告应注意的环节

企业在使用薪酬调研报告时，应注意图 4-1 所示的 5 个环节。

图 4-1　使用薪酬调研报告时应注意的 5 个环节

【微课堂】

> 假如你是 B 公司人力资源部成员，现公司欲让你做一份薪酬调研报告。试问，常用的调研数据分析的方法有哪几种？薪酬调研报告的内容包括哪些？企业在使用薪酬调研报告时应注意什么？

复习与思考

1. 请简述薪酬诊断。
2. 请简述薪酬诊断的主要内容。
3. 企业编制薪酬报告时应该包括哪些基本内容？
4. 薪酬调研的最根本目的是什么？
5. 请简述企业薪酬调研数据的分析用途。

知识链接

Compa 指标测定诊断

Compa 指标也称薪资均衡指标，通过 Compa 指标测定可以衡量和诊断薪酬体系的各个方面，如外部竞争性、员工工资等级、部门之间的薪资水平等。下文介绍其中两方面的内容。

（1）薪酬的外部竞争性诊断。如果 Compa=1，则说明企业的薪资体系是市场跟随型的；如果 Compa>1，则说明企业的薪酬水平领先于市场，具备较强的竞争力；如果 Compa<1，则说明企业的薪酬水平落后于市场，具备较弱的竞争力。

（2）员工工资等级诊断。如果 Compa=1，则说明员工被支付了等于他们工资中点值的工资；如果 Compa>1，则说明员工被支付了高于他们工资中点值的工资；如果 Compa<1，则说明员工被支付了低于他们工资中点值的工资，工资水平偏低，需要分析原因，寻找解决方法。

技能实训

设计一份薪酬调研报告的模板

薪酬调研报告主要是对薪酬调研数据的整理、分析和应用，并将调研报告应用于实际工作中。请设计一份薪酬调研报告的模板。

xx 公司薪酬调研工作报告

一、调研目的

为了适应日益激烈的市场竞争环境，实施符合现代企业管理制度要求的薪酬体系，吸引更多优秀人才加盟，人力资源部自××××年××月××日着手展开薪酬调研工作，并于××××年××月××日全面完成薪酬调研任务。

二、调研对象

（1）公司内部员工。

（2）同行业前 500 强列表中的前 100 家企业。

（3）同行业与本企业有竞争关系的 10 家企业。

三、调研方式、渠道

（1）收集、查看政府部门发布的薪酬调查资料。

（2）委托××××咨询公司调查。

（3）从本公司流动人员中进行了解。

（4）开展问卷调查（所设计的薪酬调查问卷见附件）。

四、调研结果分析

1. 整体情况分析

（1）本企业所属的行业总体薪酬水平较上一年度增长××%，纵观最近几年的薪酬调研结果，整体薪酬水平呈稳步增长的趋势。

（2）本企业所属的行业上一年度平均薪酬水平为××××元，本企业平均薪酬水平为××××元，高出市场平均薪酬水平。

（3）本企业在关键岗位或核心人才的薪酬管理上还存在着不足之处，主要表现在薪酬结构设计不太合理。

2. 重点调研对象薪酬状况分析

根据薪酬调研统计分析的结果，将调研的同一类薪酬数据由高至低排列，再计算出数据排列中的中间位置的数据，即 25% 点处、50% 点处（1 家）、75% 点处（6 家）、90% 点处（3 家）。

五、下一阶段工作任务

通过将以上薪酬调研与公司目前薪酬状况比较，本公司应从如下两方面进行薪酬管理工作的改进。

（1）根据企业经营效益适时地调整本企业的整体薪酬水平。

（2）结合外部薪酬水平状况及本企业实际情况，对关键或重要的岗位、部门的薪酬水平与结构进行重新设计。

【本章知识导图】

薪酬制度体系的设计方法	工资制度的设计方法	工资制度概述
		技能工资制的设计方法
		结构工资制的设计方法
		薪点工资制的设计方法
		技术等级工资制的设计方法
		岗位等级工资制的设计方法
		职能等级工资制的设计方法
		提成工资制的设计方法
		谈判工资制的设计方法
		年功工资制的设计方法
		计件工资制的设计方法
		年薪工资制的设计方法
	薪酬管理制度的设计方法	薪酬管理制度体系的内容
		工资管理制度的设计方法
		福利管理制度的设计方法
		津贴管理制度的设计方法
		奖金管理制度的设计方法

【学习目标】

职业知识	● 了解工资制度和薪酬管理制度的内容 ● 明确工资制度与薪酬管理制度的设计方法
职业能力	● 灵活运用各种工资制度设计方法，做好符合企业需求的工资制度设计方案 ● 熟练掌握薪酬管理制度的设计方法，做好适合企业需求的薪酬管理制度设计方案
职业素质	具备优秀的理解能力、设计能力与分析能力

5.1 | 工资制度的设计方法

5.1.1 工资制度概述

1. 工资制度的内涵

工资制度是指与工资决定和工资分配相关的一系列原则、标准及方法。它包括工资原则、工资水平、工资形式、工资等级、工资标准、工资发放等内容。工资制度是根据国家法律规定和政策制定的，是与工资的制定与分配相关的一系列准则、标准、规定和方法的总和。

工资制度大体上是通过工资等级表、工资标准表、技术（业务）等级标准及岗位名称表等具体形式加以规定的。工资制度的内容一般包括工资分配政策、原则、工资支付方式、工资标准、工资结构、工资等级及级差、奖金、津贴、过渡办法、其他规定等。

2. 工资制度的类型

（1）根据其特征的不同可分为：工资等级制度、工资升级制度、工资定级制度。

（2）根据其地位的不同可分为：基本工资制度、辅助工资制度。

（3）根据其对象的不同可分为：机关单位工资制度、事业单位工资制度、企业单位工资制度等。

（4）根据其特点的不同可分为：绩效工资制度、能力工资制度、资历工资制度、岗位工资制度和结构工资制度。

3. 工资制度设计的基本原则

在现实中，不同企业可有不同的工资制度。但不论企业选择哪一种类型的工资制度，都必须遵循按劳取酬、同工同酬、外部平衡和合法保障 4 项基本原则。

4. 工资制度设计的程序

（1）组织付酬原则与政策的制定。

（2）工作分析。

（3）工作评价。

（4）工资结构设计。

（5）工资状况调查及数据收集。

（6）工资分级与定薪。

（7）工资制度的执行、控制与调整。

5. 工资制度设计的方法

（1）工作评价的方法。工作评价是工资制度设计的关键步骤。常用的工作评价方法有简单排序法、分类套级法、元素比较法、评分法等。工作评价的结果将产生表明各项工作的劳动价值或重要性的顺序、等级、分数或象征性的货币值。

（2）工资结构线的确定方法。经过工作评价后，为企业内部各项工作确定了一个表示其劳动价值或重要性大小的工作评价值。这个工作评价值可以是顺序、等级，也可以是分数或象征性的货币值。

然后，要为这些工作评价值确定一个对应的工资值，即要把这些工作评价值转换为实际的工资值，在理论上表现为决定工资结构线的形状，包括斜率、截距等。

（3）工资分级方法。工资分级的典型办法是，把那些通过工作评价而获得相近的劳动价值或重要性的工作，归并到同一等级，形成一个工资等级系列。尽管这些工作的劳动价值或重要性并不绝对相等，但因差别不大，对它们加以归并组合，可以大大简化操作，便于管理。

等级划分的区间宽窄及等级数的确定，取决于工资结构线的斜率、工作总数，以及企业的薪酬政策和晋升政策等因素。总的原则是，等级的数目不能少到相对价值相差甚大的工作都处于同一等级而无区别，也不能多到价值稍有不同便处于不同等级而做区别的程度。这是因为级数太少，难以晋升，不利于提高士气；而级数太多则晋升过多，激励性不强，不利于管理。现实中，企业的工资等级系列一般在 10～15 级。

（4）均衡工资制。均衡工资制就是一种综合当前同种职业或相近工种工资水平的一个平均值，不要明显偏离这个平均值，要让员工既感觉比较合理，又不会让企业承担太大人工成本的工资水平。

5.1.2　技能工资制的设计方法

技能工资制是根据员工的技术和能力来确定员工工资标准的一种方式。只有确定了员工具备某种技能且与本职位工作相关，能为企业带来经济价值，才能支付其相应的技能工资。

技能工资设计的目的是促使员工提高工作的技术和能力水平，促进员工之间更多的友好合作。技能工资的确定依据职务对劳动技能的要求和员工实际掌握的劳动技能的水平。技能工资设计的对象是员工个人而不是具体职位。

员工在相同工作条件下，在相同时间范围内付出的劳动和取得的成果因员工的技能水平不同而不同，因而对企业的贡献也不同。

技能工资具体包括技术工资和能力工资两种类型。

技术工资是指以应用知识和操作技能水平为基础的工资。其支付依据是根据企业员工拥有的技能证书或职称来支付其相关工资，与该技能在日常工作中的实际应用与否没有直接关系。

能力工资包括基础能力和特殊能力两种类型。基础能力工资是指员工为胜任某一工作而应该具备的能力，基础能力工资制通常采用工作职位分析法来设计。特殊能力工资是指以某类职位人员的核心竞争力为基础确定工资，这种核心竞争力是指能让企业或员工拥有一定竞争优势的能力。

并不是所有的企业都适合实行技能工资制，企业在制定或实行技能工资时，必须考查自身的生产经营状况、管理体制、运营环境，以及企业文化、企业的职位与人员结构、企业的经营目标等因素。尤其是企业文化这一因素，因为技能工资要求有一种比较开放的、有利于员工参与的企业文化，以确保企业充分利用员工获得的新技术和新知识。

5.1.3　结构工资制的设计方法

结构工资制又称组合工资制，它是依据工资各组成部分的职能，将工资分解为几个组成部分，分别来确定工资额，最后将其相加作为劳动者报酬的一种制度。

结构工资制的各个组成部分分别有其独特的职能特点和作用，同时又具有内在的联系，互相依存、互相制约，形成一个有机的统一体。

1．结构工资制的组成

结构工资制一般由 6 部分组成，具体内容如表 5-1 所示。

表 5-1 结构工资制组成一览表

组成项目	具 体 内 容
基础工资	基础工资是保障员工基本生活需要的工资，设置目的是为了保证劳动力的简单再生产。企业主要采取按绝对额及系数两种办法确定和发放，绝对额办法考虑的是员工基本生活费用占总工资水平的比重，系数办法考虑员工现行工资关系及其占总工资水平的比重
岗位工资	岗位工资是根据岗位职责、岗位劳动强度、劳动环境等因素确定的报酬，是结构工资制的主要组成部分
技能工资	技能工资是根据员工本身的技术等级或职称高低确定的报酬
效益工资	效益工资是企业根据自身的经济效益和员工实际完成劳动的数量与质量支付给员工的浮动工资部分，发挥着激励员工努力实干、多做贡献的作用
工龄工资	工龄工资是根据员工参加工作的年限，按照一定标准支付给员工的工资；是用来体现企业员工逐年积累的劳动贡献的工资形式，既可以鼓励员工长期在本企业工作、做贡献，又可以适当调节新老员工的工资关系
津贴补贴	津贴是为补偿员工特殊或额外的劳动消耗及因特殊原因支付的劳动报酬。补贴主要是为保证不因物价上涨而导致员工的名义工资降低而设立的

2．结构工资制的设计流程

（1）做好实行结构工资制的基础工资。 建立健全人力资源信息库，信息库包括员工的姓名、人数、工资、工作年限、学历职称、技术等级、职务等；进行综合分析，剔除不合理因素，找出工资关系上的突出问题；结合本企业的生产特点及各岗位的工作特点确定工资结构的基本形式。

（2）设计结构工资制的基本模式。在确定工资结构的基础上，进一步确定各组成部分所占的比例。

（3）确定各工资组成的内部结构。 根据所选择的工资制度，对工资组成的内部结构，按相应的技术、业务标准、职责条例、劳动定额等进行界定、设置，并拟定具体的考核办法。

（4）确定各工资组成的最低工资额和最高工资额。各工资组成的最低工资加上奖金和一部分津贴的总和不能低于本地区执行的最低工资标准。

（5）测算、检验并调整结构工资制方案。根据初步确定的结构工资制各组成部分工资标准，进行测算、检验并调整。测算内容包括以下 3 部分。

① 结构工资总额是否与预计相符。

② 将员工个人工资水平在时间上进行纵向比较，看是否基本相当，计划调薪的岗位调整结果如何。

③ 根据员工各方面情况预测员工个人工资增长情况以及结构工资总额增长的趋势。

如果存在工资总额超过或剩余过多，或多数人工资水平下降，以及今后结构工资增长速度过快或过慢等问题，都需要适当调整结构工资制方案。

（6）实施、套改。在原有工资制度的基础上进行结构工资制度的改革，一般是按照员工原标准工资的一定百分比就近套入岗位（职务）工资，或套入技能（技术）等级工资。

5.1.4　薪点工资制的设计方法

薪点工资制是在分析劳动四要素（劳动技能、劳动责任、劳动强度、劳动条件）的基础上，用点数和点值来确定员工实际劳动报酬的一种工资制度。

薪点工资制是市场经济条件下新产生的一种薪酬制度，它是以岗位为对象，以点数为标准，按照员工个人的实际贡献定系数，以单位经济效益获取工资定点值，确定劳动报酬的一种弹性工资分配制度。

1. 薪点值的确定

企业的薪点一般由基本保障点、岗位报酬点、技能要素点、技能报酬点、服务贡献点构成，具体内容如表 5-2 所示。

表 5-2　　　　　　　　　　　薪点工资制构成因素一览表

薪点构成因素	具 体 内 容
基本保障点	确保员工基本生活保障的薪点
岗位报酬点	用来反映劳动差别的薪点，体现了按劳分配原则
技能要素点	由技能等级点、学历点组成，主要体现员工的实际操作技能和整体素质
技能报酬点	用来反映员工技能水平高低的薪点
服务贡献点	反映员工对企业的实际贡献的薪点，又包括工龄点、有突出贡献的奖励晋级点、考评点

薪点数不同表明员工所任职位的价值不同，这取决于职位评价的结果。薪点数反映的是员工层级，有 3 个因素影响薪点数，即职种、任职资格等级、绩效。

薪点是企业分配的最小价值单位，它随赋予每个薪点的货币价值的不同而代表不同金额，也叫薪点值。薪点值的高低和企业经济效益的好坏直接挂钩。企业薪点值分为薪点基值和浮动薪点值两部分。员工收入和薪点值计算公式如下：

员工收入=点数×薪点值
薪点值=月度工资总额÷总点数

2. 薪点工资制的结构

（1）根据薪酬调研数据，编制不同职务人员的薪酬分布表

薪点工资由 4 个组成部分构成：基本工资、工龄工资、岗点工资以及效益工资。具体内容伽

表 5-3 所示。

表 5-3　　　　　　　　　　　　　　　薪点工资制的结构

构成部分	主　要　内　容
基本工资	基本工资是员工的最低生活保障，原则不低于当地政府规定的最低工资标准，按员工的出勤天数计发，占比不超过工资收入的 20%
工龄工资	这是体现员工劳动积累贡献和工资调节职能的部分，职工的工龄工资标准应按分段累进的办法确定，也可以按每年一定的工资额确定；也可按出勤天数计发，占工资收入的 10% 左右
岗点工资	这是岗效薪点工资制中体现按劳分配的主体部分，也是最具活力和体现工资激励职能的部分，其标准用点数表示，占工资收入的 45%～50%
效益工资	这是实现工资与单位经济效益和员工实际贡献挂钩、体现工资激励职能的部分；是岗效薪点工资制的重要组成部分，占工资收入的 20%～25%

（2）岗点的确定

岗点一般由基本岗点和技能点两部分构成。条件成熟的企业也可把专业技术职务和技术等级作为任职、上岗的条件，只设岗点不设技能点。

① 基本岗点标准的制定。基本岗点对岗不对人，体现岗位的客观差别。基本岗点按照劳动岗位"四要素"，确定各劳动岗位的测评分级。确定基本岗点的操作步骤：岗位分类、岗位测评、列点排序、分级定点。确定点数可供选择的方法有倍数法、系数法和变换法 3 种。

a. 倍数法。首先确定最低岗级点数，然后确定最低岗级点数与最高岗级点数的倍数，再用等差或等比法确定其他岗级的点数。该方法适用于岗位较多且岗位可比性差，测评分数不能充分反映各类岗位差别的企业。

b. 系数法。岗级的点数完全根据测评得分确定。先将最低岗级的分数视为 1，再分别求出各岗级的相对系数，然后用系数乘以 1 000 求出各岗级的点数。该方法适用于岗位较少且可比性强，测评工作规范，测评分数能准确地反映各类岗位差别的企业。

c. 变换法。考虑到现行岗位工资都是按劳动岗位"四要素"测评归级确定的，并经过实践证明是基本合理的，因而可以直接把各岗位同档次的岗位工资额变换成点数，也可按同样的倍数放大或缩小。这种方法适用于现行岗位工资已能较准确地反映各岗位差别的企业。

② 技能点的制定。为体现相同岗位不同技能人员待遇的差异，鼓励员工学技术，把工资与个人的技能挂钩。技能点对人不对岗，以体现个人的主观差别。确定技能点有两种方法，具体说明如表 5-4 所示。

表 5-4　　　　　　　　　　　　　　　确定技能点的两种方法

方法	使　用　说　明
增加技能点	依据专业技术职务任职资格和工人的技术等级，按照逐级等比递增的方法增加技能点
浮动技能点	实行一岗多档工资制。凡技能水平达到岗位技能要求的享受基本点；凡低于或高于岗位要求的，在基本点的基础上，按一定比例向下或向上浮动点数

5.1.5　技术等级工资制的设计方法

技术工资是指以应用知识和操作技能水平为基础的工资。其主要作用是区分技术工种之间和工种内部的劳动差别和工资差别。

技术等级工资制是一种主要根据技术复杂程度以及劳动熟练程度划分等级和规定相应的工资标准，然后根据员工所达到的技术水平评定技术（工资）等级和标准工资的一种等级工资制度。技术等级标准包括三项内容：专业知识、工作技能和工作实例，在我国简称应知、应会和操作实例。

技术等级工资制度由工资等级表、工资标准表和技术等级标准等要素组成。通过对组成要素的分析和量化，给具有不同技术水平或从事不同工作的员工规定适当的工资等级。

（1）工资等级表。工资等级表是指规定工资等级数目和各等级之间工资差别的总览表。它表示不同质量的劳动或工作之间工资标准的比例关系，反映不同等级劳动报酬的变化规律，是确定各等级工资标准数额的依据。

（2）工资标准表。工资标准亦称工资率，是按单位时间（时、日、周、月）规定的工资数额，表示某一等级在单位时间内的货币工资水平。

（3）技术等级标准。技术等级标准又称技术标准，是按生产和工作分类的所有技术工种工人的技术等级规范，用来确定工人的技术等级和工人工资等级的尺度。它包括"应知""应会"和"工作实例"3 个组成部分。具体内容如表 5-5 所示。

表 5-5　　　　　　　　　　　　　技术等级标准的主要内容

项目	主　要　内　容
应知	应知是指完成某等级工作所应具有的理论知识，也可以规定员工应达到的文化水平
应会	应会是指员工完成某等级工作所必须具备的技术能力和实际经验
工作实例	工作实例是根据基本知识和专门技能的要求，列举不同技术等级员工应该会做的典型工作项目或操作实例，对员工进行培训和考核

技术等级工资标准的确定需经 4 个步骤。

（1）根据劳动的复杂程度、繁复程度、精确程度等因素确定和划分等级。

（2）对工作物进行分析比较，纳入相应的等级。

（3）规定技术等级标准，即确定最高等级和最低等级工资的倍数以及各工资等级之间的工资级差。

（4）确定各等级的工资标准和制定技能工资等级表。

5.1.6　岗位等级工资制的设计方法

岗位等级工资制是按照员工所任职岗位的等级来规定其工资等级和工资标准的一种工资制度。

1. 岗位等级工资制的形式

岗位等级工资制主要有一岗一薪制、一岗数薪制两种形式，其使用方法具体说明如表 5-6 所示。

表 5-6 岗位等级工资制的两种形式

岗位等级工资制	具 体 说 明
一岗一薪制	一岗一薪制是指每一个岗位只有一个工资标准，凡在同一岗位上工作的员工都执行同一工资标准。 这种工资制度体现了不同岗位之间的工资差别，不能体现岗位内部劳动差别和工资差别
一岗数薪制	一岗数薪制是指为同一个岗位设置几个工资等级，以反映同一岗位不同等级的差别。 这种形式是在岗位内部设级，以反映同一岗位上不同员工之间的劳动差别。岗内级别是根据该岗位工作的技术高低、责任大小、劳动强度、劳动条件等因素来确定的，不同岗位之间的级别可能会有交叉。 一岗数薪制不仅体现出不同岗位之间的劳动差别，而且体现了同一岗位内部不同劳动者的劳动差异，并使之在劳动报酬上得到反映

2. 岗位等级工资制设计的流程

岗位等级工资制的设计是一项系统的工作，其具体操作流程如图 5-1 所示。

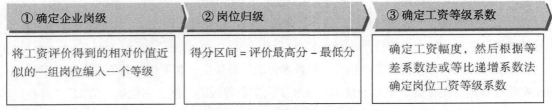

图 5-1 岗位等级工资制设计的操作流程

5.1.7 职能等级工资制的设计方法

职能等级工资制是指根据员工个人的职务级别和能力大小来确定基本工资的制度。职能等级是按照不同的职务分别确定的。职能等级的评定依据包括所担任工作的重要性、知识及经验以及工作能力和指导能力。

职能等级工资制设计的 4 个主要特点如下。

（1）职位与工资并不直接挂钩，影响员工工资的主要因素之一是员工的技术水平和工作能力。

（2）能力等级决定工资等级。确定工资等级，首先要确定职能等级，这需要制定一套客观、科学且完整的职位等级标准和职能等级标准，并按照标准对员工进行客观、准确的考核与评定。

（3）员工调整灵活，有较强的适应性。

（4）相邻职位间工作能力要求、技术水平要求相差不大时，可以减少等级层次。

5.1.8 提成工资制的设计方法

提成工资制是企业根据员工业绩的一定比例计发员工劳动报酬的工资计算方式。提成工资制又称"拆账工资制"或"分成工资制"。提成工资能够把员工的工资收入直接同本单位的销售状况或盈利状况联系起来，有利于激发员工的工作积极性，提高工作效率。对于企业而言，提成工资还可以减少企业运营成本。

若企业采取提成工资制，应当在劳动合同中明确提成的比例、提成的基数、基数的计算方式、给付方式等。这种形式适用于劳动成果难以用事先制定劳动定额的方法计量，不易确定计件单价的工作。

1. 提成工资制的形式

提成工资制的具体形式可分为两种。

（1）超额提成。扣除一部分或保留其基本工资作为固定工资部分，并相应规定需完成的销售额或利润，超额完成的部分再按一定的比例提取提成工资，计算公式为：

$$员工收入 = 基本工资 + 超额收入 \times 提成比例$$

（2）全额提成。取消固定的基本工资，员工的收入完全随利润或销售收入额浮动，计算公式为：

$$员工收入 = 利润或销售收入额 \times 提成比例$$

2. 提成工资制实施的三要素

提成工资制实施的三要素包括确定适当的提成指标、提成方式和提成比例。

5.1.9 谈判工资制的设计方法

谈判工资又称协议工资，是指企业与员工以协商的方式，根据法律、法规、规章的规定，就劳动报酬、工作时间、休息休假、劳动安全卫生、职业培训、保险福利等事项签订的书面协议。其基本含义是员工工资数额完全取决于劳动双方的意愿，在劳动力市场交易法则指导下，由企业与员工自愿协商确定。

1. 谈判工资制特点

（1）谈判工资制的特点是运作简单，可以自由灵活地给各类岗位最大幅度的加薪，在竞争中实现员工工资水平分布的自然合理。

（2）谈判工资制是一种灵活反映企业经营状况和劳动力市场供求状况并对员工工资收入实行保密的工资制度。

（3）员工的工资额由企业根据操作的技术复杂程度、熟练程度与员工当面谈判协商确定，其工资额的高低取决于劳动力市场的供求状况和企业的经营状况。

2. 决定谈判工资水平的 4 个因素

在谈判工资制中，工资水平的高低取决于 4 个因素，如表 5-7 所示。

表 5-7　　　　　　　　　　　　　决定工资水平的高低的 4 个因素

因素项目	具 体 内 容
技术因素	技术因素包括业务能力、岗位适应能力、技术全面性及承担重要复杂工作的能力及潜能等
成果因素	成果因素包括实物成果、理论成果、方法创新、工作质量、差错率等
态度因素	态度因素主要指勤奋程度、遵纪守法情况和敬业精神
替代因素	替代因素主要指缺员时替代的难易程度，如学历高低、专业紧缺度、特别技能和特殊需要

通过谈判，人才有了话语权，进而使人才价值的有偿转让才更透明、更合理。

5.1.10　年功工资制的设计方法

年功工资制是一种简单而传统的工资制度，其主要内涵是员工的基本工资随员工本人的年龄和企业工龄的增长而每年增加，而且增加工资有一定的序列，按各企业自行规定的年功工资表次序增加，也称年功序列工资制。

1. 年功工资制的特点

年功工资制以劳动等价报酬和生活补偿为原则。它有以下 4 个特点。

（1）基本工资由年龄、企业工龄和学历等因素决定，工资标准由各企业自定，并随员工生活费用、物价、企业的经济效益等因素而每年变动。

（2）多等级、小级差，每年定期增加工资，也就是随着员工年龄增长、家庭负担的增加而增加工资。

（3）年功序列工资制除基本工资外，还有优厚的奖金和各种各样的津贴和补贴，多方面为员工考虑以尽可能解除员工的后顾之忧。

（4）员工的退休金和奖金的计算，也与员工的年龄、企业工龄有一定的关系。

2. 年功工资制的构成

年功工资制一般包括基本工资、奖金和津贴 3 个部分。

（1）基本工资：包括工龄薪金、年龄薪金和学历薪金。基本工资一般占员工总收入的 70%。

（2）奖金：包括两部分，一部分为固定部分，不需评定每月即可发放，企业亏损时也不会取消；另外一部分为变动奖金，即与业绩评定结果相关联。奖金一般占员工总收入的 25%。

（3）津贴：是补充基本薪金未能补偿的部分，分为与工作直接相关的津贴（也称为工作薪金性津贴）、保障职工生活津贴及其他津贴。

工作薪金性津贴，包括职位津贴、技能津贴、全勤津贴、成绩津贴等。

保障职工生活津贴包括家属津贴、住宅津贴、交通津贴等。

其他津贴主要是指特殊劳动时发放的补助。

5.1.11　计件工资制的设计方法

计件工资是按照劳动者生产合格产品的数量和预先规定的计件单价计量并支付劳动报酬的一种工资形式。按照员工完成的产品数量或作业量支付的工资，是资本主义工资的基本形式之一。

计件工资是由计时工资转化而来的，是变相的计时工资。工资形式的差别并不改变工资的本质。计件工资和计时工资的本质是相同的，它们都是劳动力价值或价格的转化形式。

计件工资的设计

计件工资的显著特点是将劳动报酬与劳动成果紧密联系在一起，能够直接、准确地反映出劳动者实际付出的劳动量以及劳动差别在劳动报酬上的反映。因此，计件工资能够更好地体现按劳分配原则。

1．计件工资的构成

计件工资的构成如图 5-2 所示。

图 5-2　计件工资的构成示意图

2．计件工资的实施要点

（1）要将推行计件工资形式与经营效益联系起来，将计件工资作为落实经营目标的有效手段。

（2）加强对计件工资的宣传解释，使广大员工对计件工资的目的、意义、可行性以及与切身利益的关系有深入的理解，取得所有员工的支持。

（3）加强企业的科学管理，建立和健全各项管理制度。

（4）必须同时制定严格的任务要求。

（5）班组要有合理的劳动组合，工人技术等级的配置合理且能满足所从事工作在技术复杂、熟练、精确以及繁重等不同方面的要求。

3．计件工资制的常见形式

计件工资制常见形式的详细说明如表 5-8 所示。

表 5-8　　　　　　　　　　　　　　12 种常见的计件工资制形式

类　　型	特　　点
无限计件工资	◇　按照员工单位时间内所生产的合格品的数量和统一的计件单价计算劳动报酬 ◇　员工完成的合格产品，不论数量的多少，均用一个计件单价计算 ◇　生产产品没有数量的规定
有限计件工资	◇　对员工在单位时间内所得的计件工资收入总额加以一定的限制 ◇　可对个人计件工资的收入规定最高限额 ◇　可采用超额累退计件单价，即计件工资超过规定数额后，计件工资按比例递减 ◇　可采用可变计件单价，即企业的计件工资总额固定，个人计件单价随企业计件产品产量的增减而降低或提高，对个人计件工资总收入不加限制 ◇　多适用于定额不够准确合理，管理制度不够健全或工资总额受到控制的企业
全额计件工资	◇　企业取消原本的基本工资、奖金、加班工资和生产津贴等分别核算和支付工资的办法，工人全部工资都根据完成和超额完成劳动定额的多少，按统一的计件单价计发 ◇　非工资性津贴、物价补贴和劳保福利不得列入 ◇　适用于产品单一、劳动定额水平较先进、管理制度较健全、经济效益好且生产稳定的企业
超额累进计件工资	◇　又称计时计件混合工资，是它将员工完成的工作量分为定额以内的和定额以外的两部分 ◇　对员工完成产量定额的部分，按计时工资标准和任务完成程度发放计时工资 ◇　未完成定额的，按照员工工资标准和完成的比例计发工资，超过定额部分按预先规定的计件单价和产品量计发工资 ◇　计件单价的递增比例必须事先经过精确测算，保证事先预期的经济效益目标

续表

类　　型	特　　点
间接计件工资	◇　工资不是直接由员工的工作量来确定的，而是由其所服务的主要生产工人的生产成果计算的 ◇　适用于辅助类工种
集体计件工资	◇　以一个集体（车间、班组）为计件单位 ◇　员工的工资根据班组集体完成的合格产品数量或工作量来计算，然后按照每个员工的贡献大小进行合理分配 ◇　适用于机器设备和工艺过程要求员工集体完成某种产品或某项工程，而又不能直接计算个人的产品数量或工作量的情况
提成工资	◇　按照班组或集体的销售收入或纯利润的一定比例提取工资总额 ◇　根据员工的技术水平和实际工作量状况计发员工个人工资 ◇　适用于劳动成果难以事先制定劳动定额的方法计量、不易确定计件单价的工作 ◇　餐饮业、服务业多采用这种工资形式

5.1.12　年薪工资制的设计方法

年薪工资制是以年度为单位，依据企业的生产经营规模和经营业绩，确定并支付经营管理者和一些其他的创造性人才年薪的分配方式，通常包括基本薪酬和效益收益两部分。年薪制实施的目的是把经营管理人员的利益与企业所有者的利益联系起来，使经理人的目标与所有者的目标一致，形成对经理人的有效激励和约束。因此，年薪制的主要对象是企业的经营管理人员。

1. 年薪制的特点

年薪制的特点如表5-9所示。

表5-9　　　　　　　　　　　　　　　年薪制的特点

特　　点	解　释　说　明
年薪制的针对性	年薪制适用于特定的对象，包括企业的经营管理者（包括中层和高层）和一些其他的创造性人才，如科研人员、营销人才、软件工程师、项目管理人才等。这些人具有这样的特点：素质较高，工作性质决定了他们的工作需要较高的创造力，工作中需要更多的是激励而不是简单管理和约束，工作的价值难以在短期内体现
较长的周期	一般以年为周期，这是与其考核相关的。对于绝大部分的年薪制适用人员，都是以企业经营年度为周期的；对于一些科研人员、项目开发人员，这个周期也可能是半年、两年、一年半或其他，虽然不一定是一整年，但是都具有周期较长这一特点，因此也被归类为年薪制
存在一定的风险	薪酬中的很大一部分是与本人的努力及企业经营好坏情况相挂钩的。年薪制在相当大的程度上是面向未来的，年薪的制定不是简单地依据过去的业绩，更多地取决于接受者所具备的经营企业（或其他工作）的能力和贡献潜力，因此具有较大的风险和不确定性
企业与个人利益紧密联系	对于接受年薪制的企业经营者而言，年薪制是委托人和代理人之间的一个动态和约，是双方通过博弈而实现的动态均衡，年薪制的目标对双方来说就是以最低的委托代理成本实现双方相对满意的委托代理收益，把委托人即企业的利益和经营者个人的利益更多、更紧密地联系起来

2. 年薪制的常见模式

年薪制的模式主要有以下两种：

> 年薪＝基本年薪+奖励年薪
> 年薪＝基本年薪+效绩年薪+奖励年薪

"基本年薪＋奖励年薪"模式的优点是便于实施，且不会造成企业员工和管理层之间薪金差距过大的问题。"基本年薪 + 效绩年薪 + 奖励年薪"模式即在奖励年薪中引入期权收益方式,符合国际通行的职业经理人模式。

3. 年薪制的实施步骤

年薪制的实施步骤包括确定年薪制的应用范围,确定年薪制的基薪,确定考核指标和效益收入计算公式,实施考核,薪酬发放。

【微课堂】

> 某公司薪酬制度实行结构工资制,员工薪酬具体由以下项目组成。
> (1)工龄工资,所占比例为 14%。
> (2)基础工资,所占比例为 33%。
> (3)岗位工资,所占比例为 24%。
> (4)奖金,所占比例为 29%。
> 假如某岗位员工在 4 月拿到的薪资为 5 000 元,试计算该员工拿到的工龄工资、基础工资、岗位工资和奖金各是多少?

5.2 薪酬管理制度的设计方法

5.2.1 薪酬管理制度体系的内容

薪酬管理制度体系基本架构是指企业的薪酬管理制度体系所包含的各类薪酬管理制度,其具体内容如图 5-3 所示。

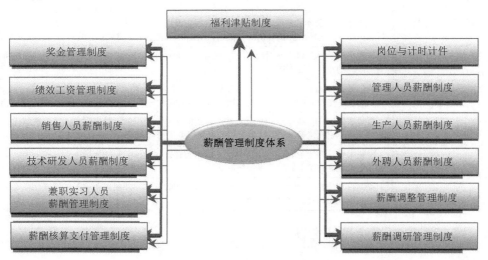

图 5-3 薪酬管理制度体系的内容

5.2.2　工资管理制度的设计方法

工资管理制度是根据国家法律和政策制定的，同时也体现着企业战略目标、生产经营状况、岗位性质和自身的人员素质状况等。企业工资管理制度的设计应遵循必要的原则和步骤。

1．工资管理制度设计的原则

企业在设计工资制度时，应坚持公平性、激励性、竞争性、合法性原则，内容如图 5-4 所示。

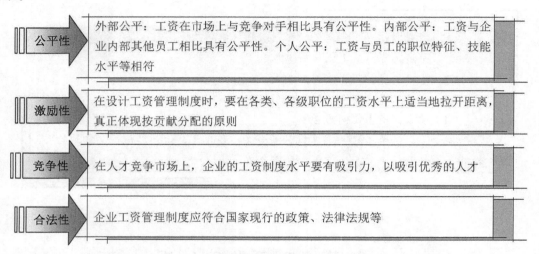

图 5-4　工资管理制度设计的原则

2．工资管理制度设计的步骤

工资管理制度设计的步骤具体如表 5-10 所示。

表 5-10　　　　　　　　　　　　　　　工资管理制度设计的步骤

序号	步骤	具 体 说 明
1	进行岗位分析	岗位分析是制定工资制度的基础。通过岗位分析，企业可以明确各岗位的工作性质、所承担责任的大小、劳动强度的轻重、工作环境的好坏及岗位任职资格等。人力资源部应结合公司经营目标，在业务分析和人员分析的基础上，明确部门职能和职位关系，编写详尽的职位说明书
2	确定工资水平	企业在确定总体工资水平时应综合考虑内部因素和外部因素，根据薪酬水平定位策略确定企业当前阶段的总体工资水平
3	确定工资结构	在确定员工个人工资时，往往要综合考虑 3 个方面的因素，一是其职位等级，二是个人的技能和资历，三是个人绩效。在工资结构上与其相对应的分别是职位工资、技能工资、绩效工资
4	确定工资等级	工资等级是工资标准由于职位或者技能等级的不同而形成的一种序列关系或梯次结构形式，企业在进行工资制度设计时，应对工资等级与级差进行合理设置
5	制度制定与反馈	工资制度初步制定后，应与员工进行充分沟通，说明制度制定的依据，听取各方面的意见和反馈，制定最终的工资制度，报领导审批
6	制度实施与完善	工资制度实施后，企业对制度管理现状进行定期的评估，并根据企业的发展变化及外部市场环境的变化及时调整和完善工资制度

5.2.3　福利管理制度的设计方法

薪酬体系中，员工福利项目越来越受企业的重视，企业设置福利的目的不仅是提高员工收入，更主要的是激励员工更加努力工作，增强对企业的归属感，以及增加企业在社会上的美誉度。

1. 福利管理制度设计的原则

福利管理制度设计的原则有 4 项，如图 5-5 所示。

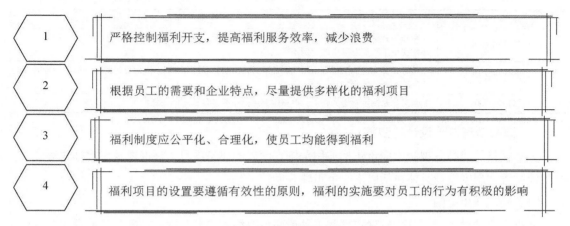

1	严格控制福利开支，提高福利服务效率，减少浪费
2	根据员工的需要和企业特点，尽量提供多样化的福利项目
3	福利制度应公平化、合理化，使员工均能得到福利
4	福利项目的设置要遵循有效性的原则，福利的实施要对员工的行为有积极的影响

图 5-5　福利管理制度设计的原则

2. 福利管理制度设计步骤

员工福利管理制度的设计一般包括 5 个步骤，具体如表 5-11 所示。

表 5-11　　　　　　　　　　　　福利管理制度设计的步骤

序号	步骤	具 体 说 明
1	了解相关法律法规	只要是国家法律和政策规定的福利，必须提供。员工福利管理制度的设计人员必须认真学习和了解相关的国家政策与法律法规，避免法定福利项目设计的缺漏，或出现其他违反法律法规的现象
2	开展福利调查	（1）可以自行设计调查问卷，让员工对可能提供的福利项目进行选择，也可以对员工进行相关访谈。 （2）可以通过政府相关机构、行业协会或者咨询公司所组织的福利调查找到相关福利数据资料，也可以进行专门的福利调查或结合薪酬做调查
3	确定福利模式及策略	在确定福利模式及策略时，需要结合企业的战略发展目标加以考虑。在选择福利模式及策略时应当具有针对性，一方面考虑员工的福利需求，以提高对员工的激励作用；另一方面要与企业的战略发展目标相结合，以保证企业战略发展目标的实现
4	进行福利预算	（1）福利在整个薪酬预算中的比例越来越大，也成为人工成本的重大影响因素。因此，在进行福利项目设计时，必须做好福利方面的成本预算 （2）相对于员工的其他收入，很多福利项目是可以享有税收减免的，所以可以通过发放福利的形式，在员工的总薪酬水平不受影响的情况下，达到合理避税的目的 （3）同其他收入一样，福利也具有刚性特征，一旦实施就不能简单收回，所以财务部门应配合人力资源管理部门做好福利成本预算，合理控制福利成本
5	设计福利项目	结合内外部信息，进一步评价福利项目的实用性及其成本，最终选定福利项目，尽量保持福利管理制度的稳定性和持续性

5.2.4　津贴管理制度的设计方法

员工津贴是员工薪酬体系的一种重要补充形式。在制定津贴制度时，应遵循一定的设计原则和步骤。

1．津贴管理制度设计的原则

津贴管理制度设计的原则如表 5-12 所示。

表 5-12　　　　　　　　　　　　　　　　津贴管理制度设计的原则

原　则	具　体　说　明
比例适当原则	津贴作为特殊的工资分配形式，与劳动者的实际劳动贡献及劳动能力均无直接关系，因此，员工津贴在员工工资总额中的比例不可过高
分配公平原则	津贴应是补充性的工资分配形式，必须保证津贴分配的公平性，津贴分配的唯一依据是劳动所处的环境和条件的优劣
严格控制原则	加强对津贴制度制定的管理，严格限制津贴享受条件，不能任意扩大

2．津贴管理制度设计的步骤

一套完整的津贴管理制度应该包括适用范围、明确的津贴项目、标准以及发放办法等内容。员工津贴管理制度设计具体包括以下 5 个步骤。

（1）确定适用范围

在进行津贴设计时，首先应确定哪些工种或岗位要纳入津贴范围。在确定津贴适用范围前，应先进行岗位分析，根据岗位或工种的性质，确定设置哪些津贴项目，避免因津贴覆盖范围不合理而产生的矛盾。

（2）设计津贴项目

津贴的设计要符合国家的相关法律法规，对要求设计津贴的岗位或工种进行详细调查研究，综合权衡后进行设计。在设计津贴项目时应注意图 5-6 所示的事项。

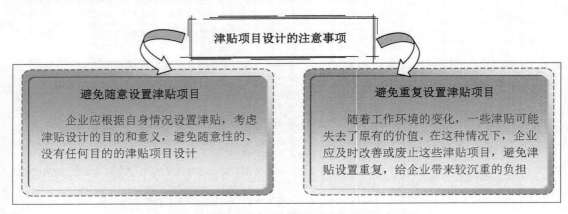

图 5-6　津贴项目设计的注意事项

（3）确定津贴标准

一般来说，津贴标准的制定方法有两种：一种是按照员工本人标准工资的一定比率制定，适用于保障员工生活水平的保障性津贴；另一种是按照绝对额制定，适用于除保障性津贴以外的其他津贴。

在确定津贴标准时，还应考虑 4 个因素，具体如图 5-7 所示。

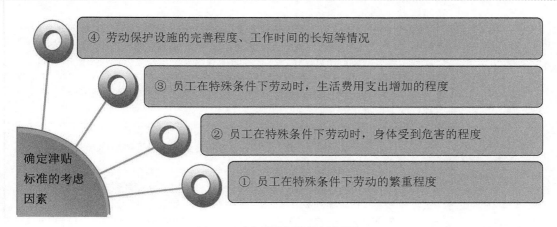

④ 劳动保护设施的完善程度、工作时间的长短等情况

③ 员工在特殊条件下劳动时，生活费用支出增加的程度

② 员工在特殊条件下劳动时，身体受到危害的程度

① 员工在特殊条件下劳动的繁重程度

确定津贴标准的考虑因素

图 5-7　确定津贴标准的考虑因素

一般来说，在特殊条件下劳动强度越大、对身体危害越严重、生活费用越高以及劳动保护设施越差的工种或岗位，津贴标准应越高一些；反之，津贴标准则应适当低一些。

（4）明确津贴发放形式

应根据本身的特点以及津贴类型，来确定采用哪种形式发放。津贴发放可以采用货币形式，也可以采用实物形式。

（5）津贴日常管理

津贴制度是整个工资制度的主要组成部分之一，加强津贴制度的管理，对做好内部分配、调动员工积极性、提高经济效益都有重要意义。在津贴制度管理上应做好两方面的工作，具体如表 5-13 所示。

表 5-13　　　　　　　　　　　　　　　津贴制度管理工作

工 作 事 项	具 体 说 明
津贴日常管理工作	要制定一整套加强津贴管理的规章制度和合理的支付办法。津贴设立之后，要对其进行跟踪，检验其可实施性和科学性，发现问题及时改进
津贴制度动态管理工作	津贴制度的一个显著特点是可以随情况的变化而变化。当劳动条件和生产生活环境发生变化时，应及时对津贴制度做出相应的调整，使之能够始终有效地发挥积极作用

5.2.5　奖金管理制度的设计方法

奖金制度的主要目的是激发员工的积极性和创造性，以及工作责任感和强烈的竞争意识。企业在制定奖金制度时，应充分考虑人力资源市场行情因素，实现足够的激励效果，以便吸引和保留优秀员工。

奖金管理制度的设计是奖金管理工作的主要内容，为了建立合理、科学的奖金管理制度，要求做到奖金的发放符合奖金的性质，奖金的分配公平合理，反对平均主义。在设计奖金管理制度时应按照 5 个步骤进行，如图 5-8 所示。

确定奖励项目	根据企业工作需要确定奖励项目。各奖励项目可以单独评价，作为单项奖的参考指标；也可以综合评价，作为综合奖的评价指标
规定奖励条件	奖励的重点应放在与企业效益有关的环节上，奖励条件要做到公平合理、明确具体、便于计量
确定奖励形式	根据工作需要、奖励项目的特点和奖励条件的要求来确定奖励形式和计奖办法
确定奖励周期	奖励周期的确定一方面应与奖励指标的性质和工作需要相联系，另一方面要具有及时性，以起到激励效果
确定奖励范围和奖金标准	根据与奖励指标相关的员工人数来确定奖励范围，根据奖项的重要程度、奖励条件完成的难易程度等确定奖金标准

图 5-8　奖金管理制度设计的步骤

【微课堂】

> A 公司有行政系统人员 80 人，营销人员 240 人，生产系统人员 105 人，其他人员 39 人。由于公司规模不断扩大，需要在薪酬制度方面进行完善，以激励员工，提高工作效率。请你利用本节所学知识，帮助公司拟定奖金管理制度。

复习与思考

1. 工资制度的定义是什么？
2. 薪点工资制的概念是什么？
3. 请简述企业内部哪些岗位适合采用年薪制，分别适用什么模式。
4. 请简述薪酬制度体系的内容。

知识链接

微软公司的薪酬模式

微软员工的主要收入来源并非薪水，股票升值是他们主要的收益补偿。在微软，公司为董事、高管层和员工制订了股票期权计划，该计划提供激励性股票期权和限制性股票期权。微软公司故意将薪水压得比竞争对手低，创造了一个"低工资高股份"的典范。

技能实训

设计一份津贴管理制度的模板

津贴是企业支付给员工工资以外的补助费，主要是为了补偿员工特殊或额外的劳动消耗。津贴作为劳动报酬的一种补充分配形式，不仅能给员工多一份保障，还能体现企业对员工的关怀与照顾。请设计一份津贴管理制度的模板，如表5-14所示。

表5-14　　　　　　　　津贴管理制度的模板

制度名称	员工津贴管理制度		受控状态	
			编　号	
执行部门		监督部门	考证部门	

第 1 章　总则

第 1 条　目的

为明确公司津贴给付的标准，规范津贴给付的程序，特制定本制度。

第 2 条　职责范围

（1）人力资源部负责制定的公司津贴标准，并进行修改、解释、废止等工作。

（2）总经理负责对本制度进行审批，审批通过后实施。

续表

第2章　发放标准

第3条　发放标准

根据工作时间长短的不同，分别设立不同的津贴给付标准，如下所示。

（1）高温环境下工作5~6小时/天，每人每月____元。

（2）高温环境下工作3~5小时/天（包括5小时），每人每月____元。

（3）高温环境下工作3小时及以下，每人每月____元。

第3章　住房津贴

第4条　适用范围

本制度适用于不在公司住宅、宿舍及其他公司提供的设施居住的公司员工。

第5条　津贴发放

津贴连同员工工资一同发放，其发放标准如下所示。

（1）租借房屋者每月津贴____元。

（2）自有房屋者每月津贴____元。

第6条　相关资料的调查

公司在审核员工提交的有关资料时，根据需要，可要求员工进一步提交有关辅助资料（如租房契约、交房租收据等），对事实进行确认性调查。

第7条　住房津贴的停止享用

员工离职的当月不再享受公司提供的住房津贴。

编制日期		审核日期		审核部门		修改日期	

【本章知识导图】

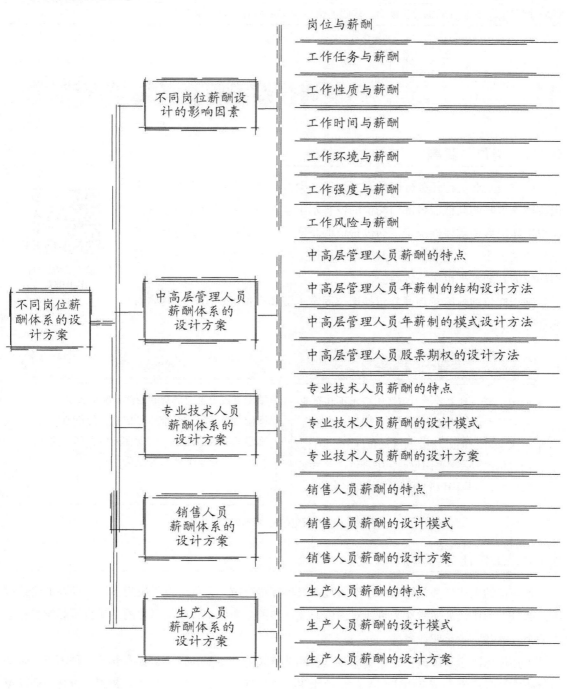

不同岗位薪酬体系的设计方案

不同岗位薪酬设计的影响因素
- 岗位与薪酬
- 工作任务与薪酬
- 工作性质与薪酬
- 工作时间与薪酬
- 工作环境与薪酬
- 工作强度与薪酬
- 工作风险与薪酬

中高层管理人员薪酬体系的设计方案
- 中高层管理人员薪酬的特点
- 中高层管理人员年薪制的结构设计方法
- 中高层管理人员年薪制的模式设计方法
- 中高层管理人员股票期权的设计方法

专业技术人员薪酬体系的设计方案
- 专业技术人员薪酬的特点
- 专业技术人员薪酬的设计模式
- 专业技术人员薪酬的设计方案

销售人员薪酬体系的设计方案
- 销售人员薪酬的特点
- 销售人员薪酬的设计模式
- 销售人员薪酬的设计方案

生产人员薪酬体系的设计方案
- 生产人员薪酬的特点
- 生产人员薪酬的设计模式
- 生产人员薪酬的设计方案

【学习目标】

职业知识	● 了解不同岗位薪酬设计概述 ● 掌握中高层管理人员、专业技术人员、销售人员及生产人员的薪酬特点 ● 明确中高层管理人员、专业技术人员、销售人员及生产人员的薪酬设计模式与方案
职业能力	● 能够根据中高层管理人员、专员技术人员、销售人员及生产人员的薪酬设计方案，设计不同岗位人员的薪酬方案
职业素质	具备优秀的分析能力、较强的悟性与文字和语言运用能力

6.1 不同岗位薪酬设计的影响因素

6.1.1 岗位与薪酬

岗位是企业进行任务分配的直接途径，岗位工作任务的价值决定了该岗位薪酬水平的高低。各部门岗位的设置基于企业组织目标的逐步分解，岗位工作内容的重要性决定了岗位价值的高低，决定了该岗位能为企业带来的效益大小，为企业创造效益较大的岗位上相应的回报也要高一些，因而岗位的薪酬水平也应该较高。

不同岗位薪酬设计的
考虑因素

基于岗位的薪酬管理通常包括岗位固定工资和岗位浮动工资，具体内容如图6-1所示。

岗位固定工资	岗位浮动工资
固定工资一般由劳动力市场工资水平和企业自身的经济承受能力来决定。岗位固定工资取决于岗位价值，即岗位在岗位簇中的地位，岗位价值需要根据岗位说明书进行科学系统的评估，并以岗位职级的形式进行区分	浮动工资由企业自身的经营状况来决定。岗位浮动工资的基准也是根据岗位价值评估确定的职级而定的。这就在岗位管理与薪酬管理之间建立了密切的联系

图6-1 岗位固定工资和岗位浮动工资

6.1.2 工作任务与薪酬

各岗位的工作任务是根据企业经营战略目标逐级分解下来的，也是决定各岗位存在的价值的关键部分。工作任务通常作为企业对岗位业绩考核的主要内容，业绩考核的结果直接影响着任职者的个人收益，甚至职业发展。

工作任务决定了该岗位任职者应该具备的业务技能、专业知识、道德素养等各种因素，进而也就决定了任职者在劳动力市场上的价值水平。工作任务作为各岗位的核心要素，也是企业薪酬体系设计时要考虑的关键内容。工作任务的难易程度直接决定了该岗位在企业内部的价值,进而也就决定了岗位的职位等级。

职位等级是企业内部薪酬水平确定的前提和基础,职位等级高对应的薪酬等级也高,该岗位的薪酬水平也就比较高。

6.1.3 工作性质与薪酬

根据不同的岗位在企业中的定位和标准不同,企业内部各岗位工作性质也有不同,因而决定了各岗位的薪酬体系存在一定的区别。不同工作性质的岗位与薪酬之间的关系大致分为以下4种。

1. 脑力劳动型和体力劳动型

脑力劳动型主要是运用智力完成工作,如管理岗和办公室职能后勤等相关岗位。企业中高层领导、后勤基层管理人员、教学人员、科研人员、财务人员等岗位人员从事的工作均为智力工作。这类人员的工作一般都需凭借专业技能或智力完成。

体力劳动型是以体力劳动为主,运用身体来完成工作内容的工作,如从事生产劳动和服务的工作,生产线上的装配工、技术工等。当然,有些工作是脑力和体力兼具型。

在进行薪酬体系设计时,企业要根据各岗位的工作性质进行有针对性的设计。体力劳动型的员工和脑力劳动型的员工均因其从事工作的技术难度不同和人才稀缺性不同,薪酬水平有所不同。

2. 领导型和非领导型

前者主要是指在企业内有一定管理职能的人员,在其职责范围内具有管理、调配、处理、处置财产等职权或者组织、管理、协调、指挥、决策等权利。后者是指没有管理职能或不属于领导岗位上的工作人员,由于其工作性质而享有对财产的管理、处理或处置权,也被列入管理行列,只是手下无兵。

这两类人员在工作性质上实际上存在着很大的区别。通常情况下,领导型人员决定着企业的运营方向,把握着企业的生死大权,因而其担负的风险和责任相对较大,并且基本属于不能马上见效或者有结果的行为,其行为结果存在较强的滞后性;而非领导型岗位的人员其工作内容或行为存在很强的时效性,即其行为结果能马上体现出来,不需要太长的潜伏时间。

基于这两类人员的不同工作性质,企业在进行薪酬体系设计时也应该有一定的岗位倾向。领导型岗位的薪酬体系一般应体现出行为结果的长期性和滞后性,非领导型岗位的薪酬体系则侧重于短期行为。

3. 工作内容单一型和多样型

有些岗位无论是体力劳动还是脑力劳动,其工作内容都非常单一,就一件事、一句话或者一个动作,反复操作,但并不是说工作内容单一工作量就小,如流水线工人、话务人员等。有些岗位可能工作量不大,但工作内容相当烦琐、多样化,如办公室行政人员的工作内容。因此,针对这两类岗位的薪酬体系设计也应该不同。

对于工作内容单一的岗位,在进行薪酬体系设计时,侧重于考虑工作数量和工作质量的业绩;对于工作内容多样的岗位,薪酬体系设计侧重于工作完成的效率、结果和数量。具体要视企业各岗位的实际情况而定。

4. 常规型与挑战型

有些岗位的工作内容是几件事，常规性地、重复性地、按部就班地跟踪落实，企业内部有章可依，没有太多的突发问题或高难度的技术风险、任务风险等。有些岗位的工作内容则经常需要面对不同的突发性问题、不同的新型挑战。挑战型的岗位没有明确的规章制度或游戏规则，企业内部也无章可循，遇到问题时只能靠员工自己独立地从不同的角度，动用各方资源进行协调解决。

针对这两类性质的岗位进行薪酬体系设计时应注意，常规型工作岗位的薪酬体系应侧重考察岗位日常工作内容的完成情况，如实施月度绩效薪酬体系、季度绩效薪酬体系等薪酬方案。而挑战型的岗位薪酬体系应侧重于考察新成果、新项目或突发问题解决完成情况，如固定薪酬加项目奖金或企业年度利润分红或企业股票、期权等。

6.1.4 工作时间与薪酬

工作时间又称法定工作时间、劳动时间，是指劳动者为履行工作义务，在法定限度内，在用人单位从事工作或者生产的时间。

对于工作时间的长度，国家相关法律有具体规定，企业通过劳动合同的形式遵守执行。不同的工作时间段及采用不同类型工作时间制的企业，劳动报酬支付标准也不同，劳动者或用人单位不遵守相关规定或约定的，要承担相应的法律责任。

1. 工作时间的特点

（1）工作时间是劳动者履行劳动义务的时间。根据劳动合同的约定，劳动者必须为用人单位提供劳动合同约定的相应劳动，劳动者提供劳动的时间即为工作时间。劳动时间包括工作小时、工作日和工作周3种，其中，工作日即在一昼夜内的工作时间，是工作时间的基本形式。

（2）工作时间不局限于实际工作时间。工作时间不仅包括实际作业的时间，还包括准备时间、工作结束收尾时后续时间及法定劳动消耗时间，以及依据法律、法规或单位行政安排离岗从事其他活动的时间。法定非劳动消耗时间是指劳动者自然中断的时间、工艺需中断时间、停工待活时间、女员工哺乳时间、出差时间等。

（3）工作时间是用人单位计发劳动者报酬的依据之一。劳动者按照劳动合同约定提供劳动，即可获得约定的相应的劳动报酬。对于加班的，另行计算加班工资。

（4）工作时间由国家规定，企业通过劳动合同约定形式遵照执行。

2. 工作时间的种类

工作时间分为标准工作时间、综合工作时间、不定时工作时间和计件工作时间。

（1）标准工作时间，是国家法律规定的正常情况下一般员工从事工作或者劳动的时间。国家实行劳动者每日工作时间不超过8小时，平均每周工作时间不超过44小时的工作制度。

（2）综合工作时间，是指分别以周、月、季、年等为周期，综合计算工作时间，但其平均工作时间和平均周工作时间应与法定标准工作时间基本相同。

（3）不定时工作时间，也叫无定时工作时间，没有固定工作时间的限制，是针对因生产特点、工作性质特殊需要或职责范围的关系，需要连续上班或难以按时上下班，无法适用标准工作时间或需要机动作业的员工而采用的一种工作时间制度，如企业高级管理人员、外勤人员、推销人员、部分值班人员、从事交通运输的工作人员。

（4）计件工作时间，是以劳动者完成一定劳动定额为标准的工作时间。对于实行计件工作的劳动者，用人单位应根据国家有关规定合理地确立劳动定额和计件报酬标准。

实行不定时工作时间和综合工作时间的企业，应根据劳动法的有关规定，与工会和劳动者协商，履行审批手续，在保障员工身体健康并充分听取员工意见的基础上，采用集中工作、集中休息、轮流调休、弹性工作时间等适当方式，确保员工休息、休假的权利和生产、工作任务的完成。

对于实行不定时工作时间的劳动者，企业应根据标准工时制度合理确定劳动者的劳动定额或其他考核标准，以便安排劳动者休息。其工资由企业按照本单位的工资制度和工资分配办法，根据劳动者的实际工作时间和完成劳动定额情况计发。

3．劳动者或用人单位不遵守工作时间的规定或约定，要承担相应的法律责任

（1）实施标准工时的劳动者每日工作 8 小时，平均每周工作 40 小时。实行计件工作的劳动者，每日工作不超过 8 小时，平均每周工作不超过 40 小时，合理确定其劳动定额和计件报酬标准，超过该标准的另行支付超出范围的薪酬。

（2）实行综合计算工时工作制的企业，在综合计算周期内，日（或周）实际工作时间可以超过 8 小时（或 40 小时），但综合计算周期内的实际总工作时间不应超过法定标准总工作时间，超过部分视为延长上班时间，按劳动法规定另行支付工资报酬，法定休假日安排劳动者工作的按劳动法规定另行支付工资报酬。但延长工作时间小时数平均每月不得超过 36 小时。

（3）缩短工作时间是指法律规定的在特殊情况下劳动者的工作时间长度少于标准工作时间的工时制度，即每日工作少于 8 小时。缩短工作日的常见情况有以下 3 种：从事矿山井下、高温、有毒有害、特别繁重或过度紧张等作业的劳动者；从事夜班工作的劳动者；哺乳期内的女员工。

6.1.5　工作环境与薪酬

工作环境对企业薪酬体系设计也有一定的影响，工作环境通常包括硬环境和软环境两种类型。硬环境是指工作场所的建筑设计、室内装修装饰、配套设备设施、室内光线、噪声、卫生状况等。软环境是指工作氛围、工作人员的素养、组织凝聚力等。

另外，根据不同的标准，环境也有自然环境和社会环境、室内环境和室外环境之分。不同的环境里只要有人员参与工作，且能够影响人员心理、态度、行为以及工作效率的各种因素，均可称为工作环境。

处于不同工作环境中工作的人员薪酬体系及薪酬水平也有所不同。企业在进行薪酬设计时应有一定的侧重点，工作环境在室内的，环境区别不会太大，工作环境的主要区别在于室外。在一些特殊行业，有些从业人员的工作环境存在着很大的危险性和危害性，如高山、矿井、道路、桥梁、涵洞、悬崖、高温、寒冷、潮湿、阴冷、噪音等环境对于从事这类工作的人员，在进行薪酬体系设计时应该考虑行业的特点，通常会采用基本工资加津贴或补贴的形式，且补贴或津贴的额

度一般都会非常高。

6.1.6　工作强度与薪酬

工作强度也是影响岗位薪酬体系设计的一个重要因素，也能在一定程度上决定着岗位的薪酬水平。工作强度也称为"劳动强度"，表现为在一定时间内劳动者在创造物质产品和劳务中所消耗的劳动的量。

工作强度是劳动的内含量，工作日的延长是劳动的外延量。随着生产力的提高、科学技术的进步和劳动者经验的积累，劳动的外延量可以转化为劳动的内含量。也就是说，随着科学技术的进步，工作日可以缩短，工作强度却要提高。

1. 衡量工作强度的指标

衡量工作强度的指标有 5 个，如表 6-1 所示。

表 6-1　　　　　　　　　　　衡量工作强度指标一览表

指　标	解　释　说　明
体力工作强度	劳动者体力消耗的多少
工作利用率	净劳动时间的长短，它等于净劳动时间与工作日总时间之比
劳动姿势	劳动者主要劳动姿势对身体疲劳的影响程度
劳动紧张程度	劳动者在劳动过程中生理器官的紧张程度
工作班制	如轮班作业制度

2. 影响工作强度的因素

影响工作强度的因素可分为外部因素和内部因素两大类。外部因素的具体说明如表 6-2 所示。

表 6-2　　　　　　　　　　　影响工作强度的外部因素一览表

因素	具 体 说 明
劳动对象因素	劳动对象因素包括工作性质与工作量密度。 （1）工作性质主要由生产系统的岗位或工种来决定，它与劳动能力的相容性决定着劳动者外部环境的优劣，决定着体力劳动者的动作力度、速度和技巧难度，决定着脑力劳动者遵循的思维方法和逻辑处理程序等，因而在很大程度上决定着工作强度。 （2）工作量密度的提高意味着恶化了劳动者原有的外部环境，从而提高了劳动强度。劳动者的体力输出功率可以近似反映出人体肌肉和神经的运动强度
劳动工具因素	劳动工具因素包括机器的操作力、速度、技术难度、容错性能、宜人特性等。劳动工具的发展通常体现在劳动工具越来越适合于人的使用，意味着改善了劳动的外部环境，降低了工作强度
劳动环境因素	劳动环境因素是指劳动者在劳动过程中所处的外部环境，它分为自然环境和社会环境两个方面。 （1）劳动的自然环境包括气候条件、温湿度、噪声、照明以及空气中的氧、灰尘和有毒物质的含量等。对于同一劳动内容，在不同自然环境下将会产生不同生理、心理和精神效应，体现出不同的工作强度。在恶劣的自然环境下，工作强度较大；在宜人的自然环境下，工作强度较小。 （2）劳动的社会环境包括人际关系、生产管理制度、工资待遇、思想潮流等。例如，当人际关系处于紧张状态时，劳动者在劳动过程中的心理和精神紧张程度就会增加，从而产生额外的工作强度。劳动条件优良本身就意味着工作强度低，劳动条件恶劣本身就意味着工作强度高

影响工作强度的内部因素可分为生理、心理和精神状态特征 3 个方面。此外，劳动时间（或作息率）和老弱病残可以看作一种特殊的影响工作强度的内部因素，因为它综合体现了生理、心理和精神状态特征对工作强度的影响情况。

工作强度的大小受各种不同因素的影响，企业在进行薪酬体系设计时，应通过综合考虑各种情况来衡量各岗位的工作强度大小以及不同岗位的薪酬政策倾斜方向和倾斜力度。

6.1.7 工作风险与薪酬

风险是某一特定危险情况发生的可能性与后果的组合。工作风险即工作岗位上存在的风险，指由于岗位职责的特殊性导致的风险及存在思想道德、外部环境和制度机制等方面的实际风险。

工作风险可能造成在岗人员不正确履行职责或不作为，构成失职渎职、以权谋私等严重后果。工作风险也可以是指在从事岗位工作作业时，因工作环境或自身操作技能失误等原因而存在的风险。

每个岗位上存在着不同程度、性质的工作风险，企业在进行薪酬体系设计时必须考虑不同岗位上的风险程度，并在薪酬政策方面给予一定的倾斜。例如，企业高层管理人员掌握着企业的经营大权，决定着企业的发展情况，并且高层管理人员的决策行为不能在短期内给予验证，是关乎企业发展的长期的影响因子。考虑到这些风险的存在，企业通常对高层管理人员采取长期绩效薪酬机制。

【微课堂】

世界著名音乐剧《猫》的替补演员的周薪竟然相当于正式演员的 1.25 倍！正式演员们每周要出演大约 20 场，从而获得 2000 美元的周薪；但替补演员们只需在后台静静地坐着，就可以拿到 2500 美元的周薪。请你结合本节所介绍的内容，说明替补演员薪酬高于正式演员的原因。

6.2
中高层管理人员薪酬体系的设计方案

中高层管理人员是企业的中坚力量。有效激励中高层管理人员，提高中高层管理人员工作积极性，对企业创造更高的价值有着重要的意义。

激励中高层管理人员以及把他们的收入与其经营责任、经营风险及经营业绩相联系，必须结合科学、合理、有效的绩效考核制度和薪酬管理体系。

6.2.1 中高层管理人员薪酬的特点

中高层管理人员作为企业的重要决策人员，其薪酬体系通常有以下特点。

（1）薪酬组成部分以浮动部分为主，且浮动部分与企业的经营效益高度相关。

（2）个人利益与企业经营利益密切相关，增强了责任感。

（3）坚持利益共享、风险共担的原则，让中高层管理人员和企业均有一定的安全保障。

6.2.2 中高层管理人员年薪制的结构设计方法

企业中高层管理人员的重要性已日益凸显，从薪酬体系方面来讲，很多企业目前采用年薪结构。年薪制是指以企业的一个经济核算年度为一个周期进行基本工资确定，并根据其年终经营成果确定其效益收入的一种工资体系。

1. 年薪制工资结构

年薪制工资结构一般包括固定工资和可变工资或浮动工资两部分。实行年薪制的企业，中高层管理人员的利益与企业利益紧密相连，与普通员工工资制度相分离，与中高层管理人员的工作责任、决策风险、经济效益挂钩。年薪不计入企业人工成本总额，固定工资部分按管理费用核算，浮动工资部分从企业的税后利润中提取。

2. 企业年薪制工资的组成结构

企业年薪制工资的组成结构要视企业所处的经营发展阶段而定，基本结构遵循以下形式：

年薪收入=基本年薪+效益年薪

或　年薪收入=基本年薪+效益年薪+奖励年薪

或　年薪收入=基本年薪+效益年薪+长期激励+福利津贴

（1）基本年薪。基本年薪是按年度确定，按月度支付给管理人员的固定现金收入，是根据管理人员的经营知识、管理能力、经验和承担的岗位职责确定的。在确定基本年薪时，不仅要考虑劳动力市场的工资水平，还要考虑企业的经济承受能力。具体的确定方法如下所示。

① 根据劳动力市场确定，通常采用协商工资制来确定基本工资。

② 按照本企业员工的基本薪酬比例来设计的计算方法如下：

基本年薪=本企业员工基本工资×调整系数

调整系数=责任系数+企业规模系数+企业类型系数

由于基本薪酬一般不与管理者的成果相关，因此这部分薪酬不宜过高，这样企业可以避免一定的经营风险。

（2）效益年薪。效益年薪的确定依据年度经营业绩，按事先约定的计算办法进行核算，随企业经营效益的好坏而变动。常见的两种计算方法如下：

效益年薪=基本薪酬×倍数×考核指标完成系数

或　效益年薪=超额利润×比例系数×考核指标完成系数

这两种方法的核算均需要结合绩效考核指标的完成情况，因此给管理者的日常经营管理提出了更高的要求。

6.2.3　中高层管理人员年薪制的模式设计方法

中高层管理人员年薪模式通常有 5 种形式，如表 6-3 所示。

表 6-3　　　　　　　　　　　　中高层管理人员的年薪模式

形式	薪酬额度	考核指标	适用范围	激励作用
准公务员型模式	视企业经营状况和管理者的职位而定，通常基本工资是普通员工平均工资的 2～4 倍，养老金是普通员工平均养老金水平的 4 倍	政策执行和工作任务完成情况	大型国企，对国民经济有重大影响的集团公司、控股公司	激励力量来源于职位升迁，退休后的养老金计划排除了管理者的短期行为
结构	基本工资+津贴+养老金计划			
一揽子型模式	报酬数量与年度经营目标相关联，在经营目标实现的前提下兑现管理人员报酬，金额一般较高	根据企业经营状况确定主要考核指标，考核指标应准确、具体，如利润率、销售收入额等	适用于有特殊问题急需解决的企业，如希望扭亏为盈	激励作用很大，具有招标承包式的激励作用，但易引发管理者的短期行为。激励作用发挥的关键是绩效考核指标制定的科学性、真实性和准确性
结构	单一固定的年薪			
非持股多元化型模式	取决于经营难度和责任，一般为普通员工平均工资的 2～4 倍，风险收入根据经营业绩来确定，一般没有封顶	（1）确定基本薪酬时要参考企业的资产规模、销售收入、员工人数等指标。（2）确定风险收入时要考虑净资产增长率、利润增长率、销售收入增长率、上缴税利增长率、员工工资增长率等指标，还要参考行业的平均效益水平和经营者的业绩来考核	适用于追求利益最大化的非股份制企业	风险收入不封顶，在考核指标科学、合理、准确的情况下更具备激励作用，但不足之处是缺乏长期激励机制
结构	基本薪酬+津贴+风险收入（效益收入和奖金）+养老金计划			
持股多元化模式	（1）基本薪酬取决于经营难度和责任，一般为普通员工平均工资的 2～4 倍。（2）含股权、股票期权形式的风险收入取决于其经营业绩、企业的市场价值，风险收入无法以员工平均工资为参照物，但企业市场价值的大幅升值会使管理者得到巨额收益	（1）确定基本薪酬时要参考企业的资产规模、销售收入、员工人数等指标。（2）确定风险收入时要考虑净资产增长率、利润增长率、销售收入增长率、上缴税利增长率、员工工资增长率等指标，还要参考行业的平均效益水平和经营者的业绩来考核	适用于股份制企业，尤其是上市公司	是一种多种形式的具有不同的激励约束作用的报酬组合，保证了管理者行为的规范化、长期化
结构	基本工资+津贴+含股权、股票期权等形式的风险收入+养老金计划			
分配权型模式	（1）基本薪酬取决于经营难度和责任，一般为普通员工平均工资的 2～4 倍。（2）以"分配权""分配权期权"形式出现的风险收入取决于企业利润的情况	（1）确定基本薪酬时要参考企业的资产规模、销售收入、员工人数等指标。（2）确定风险收入时要考虑按净资产增长率等企业业绩指标来考核		
结构	基本薪酬+津贴+以"分配权""分配权期权"形式出现的风险收入+养老金计划			

6.2.4 中高层管理人员股票期权的设计方法

中高层管理人员的股票期权薪酬模式已被越来越多的企业所重视。股票期权是指企业授予员工在未来一段时间内可以按预定的价格（行权价）购买一定数量的企业股票的权利。股票期权制的特点如图 6-2 所示。

 1   股票期权是企业给予中高层管理人员的一种权利，而不是一种义务，受益人在买与不买股票方面享有完全的自由

 2   这种权利是企业无偿赠送的，但实施股票期权时，购买者必须按行权价购买股票

 3   期权是中高层管理人员的一种不确定预期收入，该收入是在市场中实现的，企业没有现金支出，这有利于降低企业成本，因此期权也受到企业投资人的欢迎

 4   股票期权将企业的资产质量变成了经营者收入函数中的一个重要变量，从而实现了经营者与投资者利益的高度一致性

图 6-2　股票期权制的特点

中高层管理人员股票期权制的设计流程如下所述。

1. 实施期权计划的股票来源

期权计划的股票主要来源于企业自行发行的和通过留存股票账户回购的股票。

留存股票是指企业将自己已发行的股票从市场买回，该股票不再由股东持有，其性质为已发行，但不再在外流通。企业将该股票放入留存股票账户，根据股票期权激励方式的需要，在未来某个时间再次出售。

2. 股票期权计划的管理

企业董事会来管理股票期权，薪酬委员会确定股票期权的赠予数量、等待时间表，并在出现突发性事件时对股票期权计划进行解释以及重新做出安排。重要内容需要形成提案，经股东大会批准。

3. 股票期权的授予（即确定获益人）

受益人的范围由股东大会决定，董事会有权在其有效期内任意时间向其选择的受益人授予期权。

4. 股票期权的行权价确定

该环节是整个方案的关键环节。行权价的确定一般有现值有利法、现值不利法、现值等利法 3 种方式。现值有利法：低于现值，相当于向期权持有者提供了优惠，股东权益被稀释，因而股东不愿意接受。现值不利法：高于现值，一般适用于企业股价看涨的时候，并且它提高了获利难

度。现值等利法：等于现值，即行权价等于当前股价。

5. 股票期权行使期限

受益人只有在规定时间内可以行使股票期权所赋予的权利。其有效时间不固定，一般不超过 10 年，强制持有期限为 3～5 年。通常情况下，股票期权在授予后需要等待一段时间才能执行，企业在授权时并没有授予行权价的所有权利。

6. 股票期权的授予时机和数目

（1）授予时机：在员工受聘、升职或业绩评定时。

（2）授予数量：反映了企业绩效激励强度，需考虑受益人所处的职位、工作绩效、薪酬水平、工龄等。授予数量的确定方法一般有以下 3 种。

① 利用 Black-Scholes 模型，根据期权的价值推算出期权的份数。

② 根据要达到的目标决定期权的数量。这种方法的优点在于，可以决定准确的回报；缺点是今天的回报不明确，且需要为未来所有可能的价格制订详细的回报计划。

③ 利用经验公式，并通过计算期权价值倒算出期权数量，具体公式如下：

期权份数=期权薪酬的价值/（期权执行价格×5 年平均利润增长率）

7. 股票期权的执行方法

常用的执行方法有现金行权、无现金行权、无现金行权并出售 3 种。

现金行权：受益人以现金向企业指定的证券商支付行权费及相关税金和费用，由证券商以执行价格为行权人购买企业股票。无现金行权：受益人不需要以现金或支票支付行权费用，证券商以出售部分股票获得的收益来支付行权费用，并将余下的股票存入受益人个人蓝图账户（蓝图账户即 Blueprint Account，是个人在指定的证券商开设的经纪人账户，用以支付行权费用、税金、佣金和其他费用）。无现金行权并出售：受益人决定对部分或全部可行权的股票期权行权并立刻出售，以获得行权价与市场价的差价带来的利润。

【微课堂】

A 公司成立于 2001 年，自成立以来，一直从事办公软件的开发与管理。现在公司正在进行薪酬管理建设，为了使薪酬体系不断完善，需要做一份针对中高层管理人员的薪酬方案。请你利用本节所学的内容，为公司做一份中高层管理人员的薪酬方案。

6.3 专业技术人员薪酬体系的设计方案

吸引和留住拥有智力资本的专业技术人员是企业培育核心竞争力、获取竞争优势的关键环节，而薪酬管理作为一种吸引和留住专业技术人员的重要手段，也越来越受到企业管理者的广泛关注。

专业技术人员一般是指企业中具有专门知识或专业技术职称，并在相关领域从事产品研发、市场研究、财务分析、法律咨询等工作的专门人员，包括工程师、技师、会计师、律师等。

6.3.1 专业技术人员薪酬的特点

专业技术人员的工作具有较高的创造性和自主性，工作业绩不易被衡量，管理难度相对较大。因此，专业技术人员的薪酬应具备以下 3 个特点。

1. 核心技术决定薪酬水平

专业技术人员的薪酬水平不仅要结合岗位在企业内部的价值水平，还要结合市场上该类人员的供求状况，确定有竞争力的薪酬水平，才能有效预防技术人员的流失。

2. 长期激励与短期激励相结合，重视员工长期发展

专业技术人员的工作结果对企业的影响具有一定的滞后性。企业对专业技术人员的考核不能只看短期内其给企业带来的价值。专业技术人员一旦创造出价值，可能会对企业影响较长一段时间。

因此，企业对专业技术人员的激励也应该实施长期的捆绑式激励政策，以使得专业技术人员与企业利益共享，协同发展。股票期权政策是常见的长期激励政策。

3. 个性化的工作性质决定了个性化的薪酬结构

企业内部处于不同阶层的人员需求是不一样的，专业技术人员适合稳定性较高的薪酬结构，使其潜心于研发工作，并且企业要力争专业技术人员的薪酬水平不低于市场薪酬水平才能对其有一定的吸引力。另外，要加强专业技术人员的其他福利，以满足不同专业技术人员的不同需要，增加其对企业的认同感和归属感。

6.3.2 专业技术人员薪酬的设计模式

1. 专业技能取向型薪酬模式

所谓专业技能取向型薪酬模式，是指根据专业技术人员的专业技术职务设计薪酬，而专业技术人员的专业技术职务提高与其专业技能成长紧密相关。根据专业技术人员技能成长规律，为专业技术人员的职业生涯设计两条不同的路径：一条以职位等级提高为主线；另一条以专业技术职务提高为主线，如图 6-3 所示。

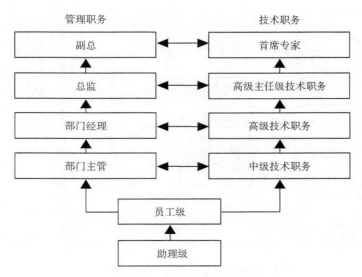

图 6-3　双通道职业发展模式

与此相配套，薪酬设计也并行设计管理和专业技术职务两条通道（进行具体设计时，专业技术通道可以比管理职位通道低半个等级或者采用其他标准，企业根据自身的实际情况灵活设定），由此构建了职位等级薪酬与专业技术职务薪酬并行的薪酬体系。

技能取向型薪酬体系的优点主要表现在以下两方面：一是把员工薪资提高与员工专业技能提高结合起来，使员工在提高自己专业技能的同时，薪资也不断得到提高，有力地调动了员工学习和提高技能的积极性；二是把员工薪资提高与员工职业发展结合起来，拓宽了员工的职业晋升渠道，有利于员工的职业发展，提高企业的职业管理水平。

（1）职位等级薪酬设计。在设计职位等级薪酬时，企业既要综合考虑各级管理职位工作的责任、难度、重要程度等因素，又要考虑专业技术人员的任职资格，并在此基础上建立职位等级薪酬制度。专业技术人员根据其所对应的管理职位等级享受相应等级的薪酬。

（2）专业技术职务薪酬设计。专业技术职务薪酬设计是针对专业技术人员的专业技能发展变化的特点确立的，以企业内部设立的专业技术职务为对象建立起来的薪酬体系，并随着专业技术人员技能水平的提高而提高职务薪酬等级。

（3）职位等级薪酬与专业技术职务薪酬的衔接。专业技术职务薪资与职位等级薪资的对接包括 4 个方面的内容，如图 6-4 所示。

2．职位价值取向型薪酬模式

所谓职位价值取向型薪酬模式，就是企业将体现专业技术人员的技能和业绩因素价值化，员工按其所拥有的技能和业绩因素的多少或者等级确定其组合薪酬待遇。

价值取向型薪酬模式实质上是一种结构薪资体系，只不过在这种薪资体系设计中，在考虑付酬因素时，针对专业技术人员的特点，强化了技能因素和业绩因素在薪资结构构建中的作用，并将这些因素直接量化为员工的薪资，增加了薪酬的透明度。

每一个专业技术职务都有相应的职位等级与之相对应，相应的职位等级的薪资就是对应的专业技术职务的薪资。员工专业技术职务不变，其薪资等级也不变

 专业技术人员从一个专业技术职务晋升到上一级专业技术职务，其薪资等级跟随增加

 职务薪资与职位等级薪资横向调整，指专业技术人员调任与之平行的管理职位，职务薪资变更为职位等级薪资，职位等级不变

 职务薪资晋升职位等级薪资，指专业技术人员晋升至较高职等的管理职位，职务薪资变更为职位等级薪资，并相应调高职位等级

图 6-4　专业技术职务薪资与职位等级薪资对接相关说明

但是，实施价值取向型薪酬模式需要建立一套科学合理的技能和业绩指标体系。具体而言，企业需重点解决好应该选取哪些技能和业绩指标作为专业技术人员的付酬因素，所选取的付酬因素和指标之间权重如何确定，如何确定各付酬因素和指标的经济价值。

（1）付酬因素的确定。根据岗位评估五要素（劳动责任、劳动技能、劳动强度、劳动环境和劳动心理），并结合专业技术人员的工作特性设计合适的付酬因素。确定付酬因素的具体步骤如下。

首先，分析公司情况。产品小批量、多品种，市场需求变化快，要求付酬反应迅速。

其次，选定付酬要素。针对目前公司的状况，确定了企业的价值取向是引导员工学知识、学技能、关注岗位和产出，因此，技术岗位将知识、技能、岗位责任和解决实际问题的能力作为关键付酬要素。

最后，付酬要素细分。以"知识要素"为例，公司将知识价值细化为学历价值、职称价值、科技成果价值和评优价值4个要素。

（2）薪酬水平的确定。在确定专业技术人员薪酬水平时，既要考虑企业所在地区同类型人才的薪资水平，又要考虑企业的成本。这样才能确保制定的薪资标准具有吸引力，且不会给企业的成本带来太大的压力。

综上所述，不管采取什么样的薪酬模式，都要充分发挥薪酬对专业技术人员的激励作用，需做好以下4方面的工作，具体内容如图6-5所示。

6.3.3　专业技术人员薪酬的设计方案

建立科学合理的薪酬激励分配模式，发挥薪酬的最佳激励效果，以求能吸引和留住人才，从而造就一支高效、稳定的专业技术人才队伍，进而提升企业的竞争力，这是人力资源管理的一项非常重要的工作。

1 营造一种"尊重科技，尊重人才"的良好的企业文化氛围

2 将专业技术人员的职业管理与薪酬管理有机结合起来。企业通过加强职业管理，将专业技术人员的职业目标与组织的战略目标有机统一，并通过制定相应的薪酬策略促进专业技术人员职业目标的实现，促进员工与企业共同成长

3 完善专业技术人员的福利体系。由于专业技术人员工作的特殊性，在福利支付方式上要着重强调个性化福利，给予他们选择福利的自由。例如，给予专业技术人员一个福利费定额，让他们自主支配；或者给他们一个"福利包"，让他们自主配置"福利套餐"

4 将专业技术人员纳入企业长期激励体系。在产权清晰、公司治理结构建立健全的情况下，可以通过设计和实施适当的股票期权计划，将专业技术人员纳入企业的长期激励体系，以达到留住核心员工的目的

图 6-5　激励性的薪酬设计需做好的 4 项工作

1．项目工资制

项目工资制使专业技术人员的薪酬收入与项目完成情况挂钩，可操作性强，能客观反映项目参与人员的工作业绩和收入情况，实现收益与风险共担，有利于参与项目的专业技术人员专心进行研究，调动了专业技术人员进行科研项目研究的积极性。项目工资制主要适用于参与科研项目研究的专业技术人员。

（1）项目工资制构成

结构一：项目工资制主要由保障工资、项目考核工资两部分组成。保障工资是项目工资制的基本组成部分，主要用于保障项目参与人员的基本生活，不参与项目考核。项目考核工资是依据项目考核结果评定的工资。

结构二：项目工资制主要由基本工资、项目奖金两部分组成。其中，基本工资依据岗位设定。例如，将研发部职员依据岗位设定工资，每一岗位工资分高、中、初 3 个级，新人定为初级，外聘特殊人才起薪可以定为高级。此外，项目奖金的确定依据公司所接项目的大小、开发周期、难易程度、经济效益等。

（2）项目工资制的实施

采用项目工资制的分配模式时，企业应建立严格的项目考核办法，根据项目进展情况、产生的经济效益、成果转化情况对项目结果进行评价，严考核，硬兑现，既要确保项目成果，又要使专业技术人员的努力得到回报，激励专业技术人员更好地工作。

在具体应用方面，设计院或者工程类企业在项目工资制设计中大概采用 3 种方法，如图 6-6 所示。

在项目工资制实施过程中，关键要注意做好随时关注项目进展情况、项目的考核、项目工资

的兑现3项工作。

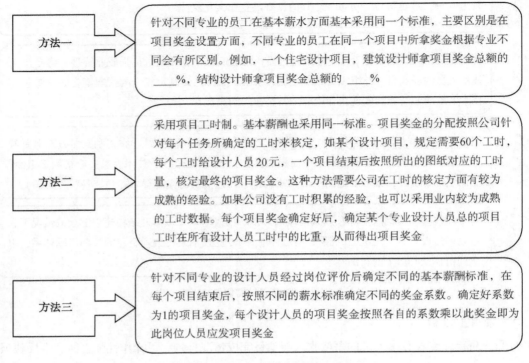

方法一 ➤ 针对不同专业的员工在基本薪水方面基本采用同一个标准，主要区别是在项目奖金设置方面，不同专业的员工在同一个项目中所拿奖金根据专业不同会有所区别。例如，一个住宅设计项目，建筑设计师拿项目奖金总额的 ____%，结构设计师拿项目奖金总额的 ____%

方法二 ➤ 采用项目工时制。基本薪酬也采用同一标准。项目奖金的分配按照公司针对每个任务所确定的工时来核定，如某个设计项目，规定需要60个工时，每个工时给设计人员20元，一个项目结束后按照所出的图纸对应的工时量，核定最终的项目奖金。这种方法需要公司在工时的核定方面有较为成熟的经验。如果公司没有工时积累的经验，也可以采用业内较为成熟的工时数据。每个项目奖金确定好后，确定某个专业设计人员总的项目工时在所有设计人员工时中的比重，从而得出项目奖金

方法三 ➤ 针对不同专业的设计人员经过岗位评价后确定不同的基本薪酬标准，在每个项目结束后，按照不同的薪水标准确定不同的奖金系数。确定好系数为1的项目奖金，每个设计人员的项目奖金按照各自的系数乘以此奖金即为此岗位人员应发项目奖金

图 6-6　项目绩效工资制实施的 3 种方法

2. 协商工资制模式

为了吸引人才，针对新产品开发、技术课题攻关、项目承包等科研活动的人员或企业短缺的专业人才，其薪酬分配可采用协商工资制模式。

协商工资制是指引进的专业技术人员与单位依法就工资分配制度、形式、收入水平进行平等协商，并在协商一致的基础上签订工资协议的一种薪酬分配模式。协商工资制由基本工资和浮动部分组成。

实施协商工资制首先要签订协商工资协议。企业和引进的专业技术人员按照平等自愿的原则签订协商工资协议，以明确工作期间双方的责任和工资待遇等内容。其次，制定考核标准。企业需制定考核实施办法，其中需明确考核时间和考核标准，并将考核结果与支付协商工资挂钩。

此外，在协商工资制实施时，要认真考察引进的专业技术人员的水平与工作能力，准确把握协商工资的标准。其标准可参照劳动力市场价位和单位员工的收入水平合理确定。

3. 提成工资制

提成工资制是对专业技术人员的技术创新项目、专利技术等科研成果转化为生产力，根据产生的经济效益确定一定的提成比例，是一种技术要素参与分配的模式。提成工资的发放可采取一次性奖励、技术转让收益比例奖励、利润提成比例奖励、科研成果作价入股获得股权收益等形式。

提成工资制有助于调动专业技术人员科研攻关的主动性，其实施应注意两个问题。一是确定恰当的提成方式。科研项目或专利技术在生产中应用后，要根据应用效果，综合考虑各方面的因

素，选定恰当的提成方式。二是确定合理的提成比例。根据实际情况确定是采取固定提成方式还是分期分段提成方式。

4. 技术承包工资制

技术承包工资制是指通过一定的承包协议，将企业某些生产点技术管理工作指定由专业技术人员个人或小组负责，依据工作成果考核兑现工资的一种分配模式。技术承包工资制主要适用于从事生产现场技术管理工作的专业技术人员。实施技术承包工资制时，要注意签订的承包协议内容全面、清楚，并且注意对专业技术人员日常工作过程的监督。

技术承包工资制应用示例如下所示。

技术承包工资制示例

为进一步调动工程技术人员的工作积极性和创造性，充分发挥科学技术在施工生产中的先导作用，从而提升公司的整体施工技术水平和市场竞争能力，特实施此办法。

一、实施对象

本办法适用于公司实行技术承包的各工程项目部。

二、承包范围

承包范围：工程项目的技术、测量、试验业务工作，与施工安全、质量、工期及变更索赔相关的技术保证工作，其他由双方约定的工作。

三、考核项目

根据工程质量、工程进度、施工安全、技术管理与科技创新4个方面对每位技术人员进行考核，考核具体内容见附表。

四、薪资分配办法

技术人员的工资待遇由项目总工程师牵头，依据公司《工程项目工资分配办法》模式，结合公司《工程技术承包工费定额》制定。

根据建筑工程项目特点，技术人员总承包费用预留20%作为项目综合效益保证金，待项目终审后确定发放额度。

五、奖罚

如果受到业主、监理或质监部门的通报批评或者安全、质量、进度出现重大问题，将对主管技术人员进行一定的处罚；如果受到业主、监理单位的表彰，将对主管技术人员进行奖励。

六、实施效果

经过两年多的工程技术承包，工程未发生质量问题和因技术指导不及时出现的停工现象，技术承包初见成效，收到预期的效果，目前工程进展顺利，技术人员队伍稳定，项目部先后有两位技术人员走上项目总工程师的岗位，培养了一批能独当一面的技术、测量人员。

要充分发挥薪酬的激励作用，除了建立科学合理的薪酬分配模式外，还需制定完善的配套措施，相关内容如图 6-7 所示。

加强绩效管理工作	建立动态的岗位分析、评价制度，明确专业技术人员的岗位职责与任职要求，在此基础上对专业技术人员进行严格的绩效考核，以考核结果作为薪酬分配的依据，充分发挥薪酬的激励功能
扩大弹性福利范围	企业可根据自身实际情况，实施弹性福利计划，将涉及专业技术人员的住房、医疗健康、子女教育、外派进修等非工资性收入的福利项目“打包”，由其根据个人需要选择福利项目
建立畅通的薪酬沟通渠道	如通过各种会议、薪酬管理手册、文件及媒介实现沟通渠道的畅通
完善职业生涯规划设计	企业要对专业技术人员的职业生涯做出科学合理规划，保证专业技术人员与企业的未来发展是一致的，预防企业的人才流失

图 6-7　专业技术人员薪酬激励的配套措施

【微课堂】

B 公司是一家网络技术企业。现在公司正在进行薪酬管理建设，为了使薪酬体系不断完善，需要做一份针对专业技术人员的薪酬方案。请你利用本节所学的内容，为公司做一份专业技术人员的薪酬方案。

6.4 销售人员薪酬体系的设计方案

与企业其他人员相比较，企业销售人员的工作具有独特的特点，因此对销售人员的管理也需要有独到的方法。

销售人员的薪酬管理是人力资源管理工作中的重中之重。做好销售人员的薪酬管理，首先要有明确清晰的企业薪酬战略、目标指向。只有搭建起合理的薪酬体系，方能通过薪酬管理实现对销售人员的科学管理。

6.4.1 销售人员薪酬的特点

在制定销售人员的薪酬体系时，企业应全面了解销售人员的工作特点，有针对性地进行薪酬体系设计，方能实现薪酬体系的有效性。销售人员的工作特点通常表现在工作时间和工作方式的灵活性很强，监督很难，工作业绩可以清楚衡量，工作风险性较大。

目前，企业对销售人员的薪酬多采用提成制、佣金制或效益奖金的形式，增大了浮动部分的比例，降低或者取消了薪酬固定部分，使销售人员的收入与其业绩行为结果紧密相连，强化了企业对销售人员行为控制的灵活性，大大降低了企业经营风险。

6.4.2　销售人员薪酬的设计模式

基于以上销售人员的工作特点，在我国企业中销售人员的薪酬模式主要包括以下 6 种。

（1）纯佣金制。纯佣金制是按销售额的一定比例进行提成，作为销售报酬，此外销售人员没有任何固定工资，收入是完全变动式的。

（2）固定工资制。固定工资制是对销售人员实行固定的工资制度，而不管当期销售完成与否。

（3）基本工资加佣金制。基本工资加佣金制指将销售人员的收入分为固定工资和销售提成两部分。销售人员有一定的销售定额，当月不管是否完成销售指标，都可得到基本工资，即底薪。如果销售人员当期完成的销售额超过设定指标，则超过部分按比例提成。

（4）基本工资加奖金制。这种薪酬制度与前一种有些类似，但还是存在一定区别。这种区别主要体现在，佣金直接由绩效表现决定，而奖金和业绩之间的关系却是间接的。通常销售人员的业绩只有超过了某一销售额，才能获得一定数量的奖金。

（5）基本工资加佣金加奖金制。这种薪酬制度设计的特殊性在于，它将佣金制和奖金制结合到了一起，使销售人员薪酬中包含底薪、佣金和奖金 3 种成分。

（6）特别奖励制。特别奖励制是指规定报酬之外的奖励，包括精神奖励和物资奖励。精神奖励包括荣誉、奖状等。物资奖励包括加工资、发奖金及其他福利等。

各种模式的优缺点如表 6-4 所示。

表 6-4　　　　　　　　　　　　销售人员薪酬模式的优缺点

销售人员薪酬模式	优　点	缺　点
纯佣金制	有较强的激励作用，易于控制销售成本	不适于销售波动幅度大的情况，销售收入没有保障
固定工资制	易于了解，计算简单，销售人员收入有一定的保障，增加了员工的安全感	不利于激励员工
基本工资加佣金制	销售人员既有固定工资保障，又有与业绩相关的提成，进而产生销售激励作用	佣金少时激励作用不大
基本工资加奖金制	佣金直接由绩效表现决定	销售人员的奖金较模糊，激励作用减弱
基本工资加佣金加奖金制	收入稳定，可有效控制销售成本	提高了管理费用
特别奖励制	有较强的激励作用	奖金的标准或基础不够可靠，容易引起销售人员之间的攀比心理，增加管理的难度

6.4.3　销售人员薪酬的设计方案

由于销售人员的工作特殊性，对于销售人员的薪酬体系设计，目前大多数企业采用的是"基本固定工资+提成制"模式。但在日常管理中，该薪酬管理体系的缺点主要体现在薪酬晋升途径单一、缺乏效率性和公平性、缺乏科学的职位评估、绩效管理体制不健全 4 个方面。

为了有效避免以上问题，企业在进行销售人员薪酬体系设计时应注意，在薪酬体系搭建前进行薪酬调查和分析，根据企业的实际情况确定合理的薪酬结构，以及科学、系统的量化指标体系。销售类指标可分为8类，具体内容如表6-5所示。

表6-5　　　　　　　　　　　　　销售类指标项目一览表

指 标 名 称	解 释 说 明
总销售收入指标	总营业额、总额利润等
规模指标	规模大等于利润高，客户数量多也不等于利润多
变化类指标	收入增长、利润增长、成本降低等
比率类指标	如利润率、毛利率、销售收入增长率等
财务指标	财务指标如回款天数、应收账款、呆坏账等
市场份额	市场在快速变化，通过考核市场份额实现企业与市场的同步增长
策略指标	如新产品的销售收入，考核重点在新品的利润率
渠道指标	是直销还是分销，以分销商或经销商的销售额等为指标

基于以上指标对销售人员薪酬模式采用个性化薪酬体系，以照顾到不同员工的情况。个性化薪酬体系包括建立弹性的多元化的菜单式提成体系，对于销售新手要采用保护策略，建立特薪制；设立特殊贡献奖，薪酬体系的设置要"随行就市"，实行"订单式"薪酬发放模式；鼓励团队精神，建立多通道生涯发展路径。

报酬和权力分开，给员工更多的机会，在不晋升的情况下提高工资级别，即使没有职务，得到的报酬也是一样的，让有发展前景的销售人员在个人成就、薪酬方面多了一条发展路径。

【微课堂】

C公司是一家著名的贸易公司，主要经营服装和鞋类商品。现在公司正在进行薪酬管理建设，为了使薪酬体系不断完善，需要做一份针对销售人员的薪酬方案。请你利用本节所学的内容，为公司做一份销售人员薪酬方案。

6.5 生产人员薪酬体系的设计方案

生产人员的薪酬体系设计主要是为了调动生产人员的积极性，提高企业的生产效率，建立起规范合理的工资分配体系，体现按劳分配的原则。本节结合生产人员的工作特点，对生产人员的薪酬特点、薪酬模式等方面进行详细阐述。

6.5.1　生产人员薪酬的特点

生产人员是企业主营产品的生产制造者，其行为直接影响着企业产品的质量与产量。因此，生产人员的薪酬应具备能直接体现所生产产品的质量与数量的特点。

基于这种特点，在传统的企业管理中，对生产人员的薪酬模式主要采用计件工资制，并且结合了产品的质量和数量，使生产人员的收入与其业绩直接关联，增加了生产人员工作的积极性和责任感。

6.5.2　生产人员薪酬的设计模式

生产人员是生产型企业人员的重要组成部分，生产人员的薪酬水平直接影响着生产人员的工作积极性，与此同时，薪酬水平的高低又直接影响着企业的人工成本总额。设计生产人员的薪酬模式在保证生产人员对薪酬水平满意的同时，能实现企业薪酬总额的有效控制。

1.　传统的计件工资制

计件工资的具体内容见本书第 5 章"5.1.11 计件工资制"的设计方法。计件工资制能将劳动者的实际付出与其所得紧密相连，是按劳分配的直接体现。然而，由于计件工资计件单价的透明性，劳动者对自己的劳动所得都很清楚，因而计件工资有很强的物质激励作用。但同时也造成了人工成本随着产品产量的增加而不断增加，这样便不能对人工成本总额进行有效控制。

2.　绩效工资制逐步替代计件工资制

很多企业实行计件工资，该做法有利有弊。目前，大部分中国企业的管理水平有限，人员素质偏低，并不能很好地理解和运用现代化的管理方法——绩效管理。因此，用绩效管理完全替代计件工资不是十分可行，可考虑用绩效工资逐步替代计件工资的做法。

考虑到直接降低计件工资的计提标准很容易引起员工情绪上的不满，因此，在降低计件单价的同时，同比例增加员工的绩效工资，这样薪酬总额中计件工资部分渐渐减少，绩效工资总额渐渐增加，逐步实现绩效工资替代计件工资，从而最终实现生产型人员工资成本的有效控制。

6.5.3　生产人员薪酬的设计方案

1.　岗位绩效工资制

岗位绩效工资制是以员工被聘上岗的工作岗位为主，根据岗位技术含量、责任大小、劳动强度和环境优劣确定岗级，根据企业经济效益和劳动力价位确定工资总量，以员工的劳动成果为依据支付劳动报酬的一种工资制度。

岗位绩效工资制的薪酬结构及其优点如图 6-8 所示。

2.　生产人员绩效工作分析

生产部不同岗位的绩效工作有所不同，下面以生产经理和车间主任为例加以说明。

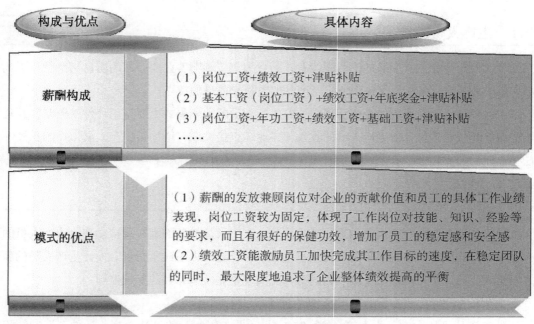

图 6-8　岗位绩效工资制的结构及优点

（1）绩效目标。

不同岗位的绩效目标有所不同，示例如图 6-9 所示。

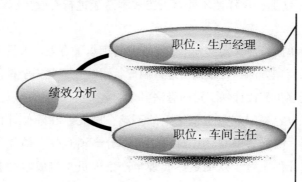

目标1：完成生产任务，提高生产质量
目标2：改进生产工艺，降低成本
目标3：维护好生产设备，杜绝生产事故
目标4：做好本部门日常管理工作

目标1：按时完成车间生产任务
目标2：降低车间生产成本，提高产品质量
目标3：做好车间安全生产和设备管理工作
目标4：做好本车间的人员管理工作

图 6-9　绩效目标分析示例

（2）考核指标设计。不同岗位的考核项目、指标应有所不同。其示例如表 6-6、表 6-7 所示。

表 6-6　　　　　　　　　　　　　生产经理考核指标设计

岗　位	生　产　经　理			直　接　上　级
考核项目	KPI 指标	权重	绩效目标值	指标说明
生产计划完成情况	生产计划完成率	20%	达到__%	$\dfrac{\text{实际生产量}}{\text{计划生产量}} \times 100\%$
	产品质量合格率	20%	达到__%	$\dfrac{\text{合格产品数量}}{\text{总产品数量}} \times 100\%$

续表

岗 位	生 产 经 理			直 接 上 级	
考核项目	KPI 指标	权重	绩效目标值	指标说明	
生产计划完成情况	交期达成率	10%	达到__%	$\dfrac{交期达成批数}{交货总批数} \times 100\%$	
设备管理	生产设备利用率	5%	达到__%	$\dfrac{全部设备实际工作时数}{设备工作总能力（时数）} \times 100\%$	
	生产设备完好率	5%	达到__%	$\dfrac{完好设备台数}{在用设备总台数} \times 100\%$	
生产安全管理	安全事故发生次数	15%	0 次	考核期内生产安全事故发生次数合计	
成本管理	生产成本降低率	15%	降低__%	$\dfrac{上期生产成本 - 本期生产成本}{上期生产成本} \times 100\%$	
部门管理目标	培训计划完成率	10%	达到__%	$\dfrac{实际完成的培训项目（次数）}{计划培训的项目（次数）} \times 100\%$	

表 6-7   车间主任绩效考核指标设计

岗位	车间主任			直接上级	
业务目标		实际完成	权重	评价标准	
车间生产任务完成率达到____%		____%	30%	每低____%，减____分	
交期达成率达到____%		____%	10%	每低____%，减____分	
车间产品废品率低于____%		____%	10%	每高____%，减____分	
返工率低于____%		____%	10%	每高____%，减____分	
车间生产成本降低率达到____%		____%	10%	每低____%，减____分	
车间安全事故损失金额控制在____元内		____元	10%	每高出____元，减____分	
车间设备完好率达到____%		____%	10%	每低____%，减____分	
车间员工考核合格率达到____%		____%	10%	每低____%，减____分	

3. 生产人员绩效工资设计

绩效工资设计的基本原则是通过激励个人提高绩效促进企业的绩效，即是通过绩效工资传达企业绩效预期的信息，刺激企业中所有的员工来达到它的目的。

（1）绩效工资的形式。从不同角度划分，绩效工资表现为多种形式，具体内容如表 6-8 所示。

表 6-8   绩效工资的形式

划 分 角 度	形 式
绩效工资支付周期	日绩效工资、月绩效工资、季度绩效工资、半年度绩效工资、年度绩效工资
一年内绩效工资的发放次数多少	经常性绩效工资和一次性绩效工资
绩效工资考核项目的多少	单项绩效工资、综合性绩效工资
绩效工资支付的依据指标	产量（计件工资）绩效工资、质量绩效工资、销售额绩效工资、利润绩效工资、成本（成本节约、成本降低率）绩效工资、复合指标（经济指标+行为指标）绩效工资
绩效工资支付对象	个人绩效工资、团体绩效工资

（2）配置比例。绩效工资所占员工薪酬总额比例的多少，主要有两种设计思路，即切分法和配比法。其中，切分法依据岗位评价和外部薪酬水平确定不同岗位的总体薪酬水平，再对各个岗位的总体薪酬水平进行切分。配比法依据岗位评价和外部薪酬水平确定岗位的基本固定薪酬水平，在基本工资的基础上上浮一定比例，使得薪酬的总体水平保持一定的竞争力。

4. 生产人员薪酬设计示例

车间主任薪酬设计示例

一、薪酬构成

车间主任薪酬总额由固定工资（60%）+绩效工资（30%）+津贴福利（10%）3个部分构成。

二、固定工资

固定工资根据岗位评估结果及外部市场薪酬水平予以确定，定为＿＿＿元/月。

三、绩效工资

（1）与营业利润挂钩（5%）。以公司确定的车间目标营业利润为基数，该车间当月考核实现的营业利润比目标营业利润每增减＿＿＿个百分点，则车间主任当月该项工资总额对应增减＿＿＿%。

（2）与质量挂钩（10%）。质量目标按公司质量管理标准执行。凡出现质量事故，需先分清责任。情节轻微者，扣除绩效工资总额的＿＿＿%；情节严重者，扣除该项目工资。

（3）交货期目标（5%）。凡出现交货期延误，且无特殊情况时，扣除该项目工资。

（4）安全目标（10%）。凡出现安全事故，除承担相应责任外，依照后果的严重性扣除数额不等的该项目工资。

四、津贴福利

（1）职务津贴。本公司对车间主任一职设置的职务津贴为＿＿＿元/月。

（2）其他津贴、补贴及福利（略）。

【微课堂】

　　D公司是一家大型的电子元器件生产企业。现在公司正在进行薪酬管理建设，为了使薪酬体系不断完善，需要做一份针对生产人员的薪酬方案。请你利用本节所学的内容，为公司做一份生产人员薪酬方案。

复习与思考

1. 工作时间的定义是什么？
2. 工作时间的种类包括哪几种？
3. 什么是工作风险？企业中高层管理人员的风险采用什么样的薪酬模式进行规避？
4. 年薪制的结构设计方法有哪些？
5. 企业经常采取的专业技术人员薪酬方案有哪几种？
6. 在我国企业中，销售人员的薪酬模式主要包括哪几种？
7. 传统的生产人员常用薪酬模式是什么？

知识链接

万科的"事业合伙人"制度

万科的"事业合伙人"制度包括跟投制度与股票制度。

跟投制度：对于所有新项目，除旧改及部分特殊项目外，原则上要求项目所在一线公司管理层和该项目管理人员必须跟随公司一起投资，公司董事、监事、高级管理人员以外的其他员工可自愿参与投资。员工初始跟投份额不超过项目资金峰值的5%。

股票制度：在集团层面，建立合伙人持股计划，也就是有200多个EP奖金获得者将成为万科集团的合伙人，共同持有万科的股票，共同掌握公司的命运。

技能实训

设计一份科研人员薪酬方案的模板

薪酬管理是企业整体人力资源管理体系的重要组成部分，科学合理的薪酬管理不仅能合理控制企业的人力资源成本，而且能有效地促进人力资源投资的升值，以及企业经营目标的达成。根据所学内容，请设计一份科研人员薪酬方案的模板。

科研人员薪酬方案

一、科研人员薪酬构成

（此部分主要写薪酬的构成要素及计算方式和方法）

......

二、薪酬调整

（此部分主要写员工取得学历学位、职称或物价上涨行业工资调整等因素带来的薪酬变动）

......

三、薪酬发放

（此部分主要写月薪酬、年薪酬、假期薪酬、离退休薪酬等的发放方式和方法）

......

津贴、补贴、福利与奖金的设计方法

第7章

【本章知识导图】

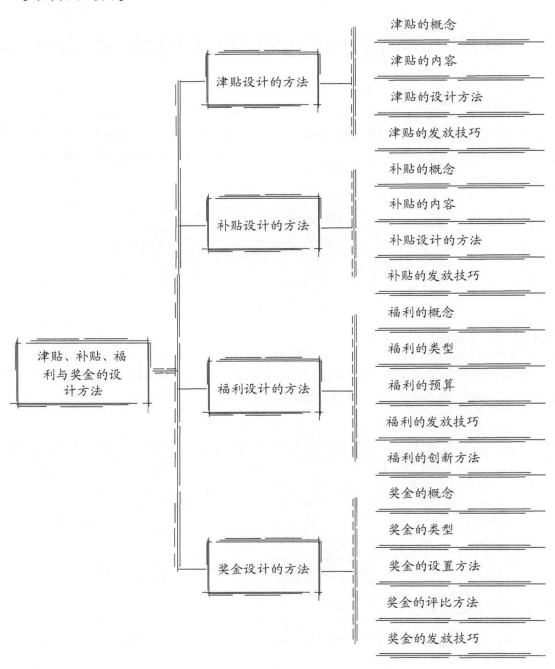

津贴设计的方法
- 津贴的概念
- 津贴的内容
- 津贴的设计方法
- 津贴的发放技巧

补贴设计的方法
- 补贴的概念
- 补贴的内容
- 补贴设计的方法
- 补贴的发放技巧

福利设计的方法
- 福利的概念
- 福利的类型
- 福利的预算
- 福利的发放技巧
- 福利的创新方法

奖金设计的方法
- 奖金的概念
- 奖金的类型
- 奖金的设置方法
- 奖金的评比方法
- 奖金的发放技巧

津贴、补贴、福利与奖金的设计方法

【学习目标】

职业知识	● 了解津贴、补贴、福利与奖金的概念与内容 ● 明确津贴、补贴、福利与奖金的设计方法与发放技巧
职业能力	● 灵活运用津贴、补贴、福利与奖金的设计方法与发放技巧，根据企业实际需求做好津贴、补贴、福利与奖金的设计工作
职业素质	具备优秀的协调能力与分析能力

7.1 津贴设计的方法

7.1.1 津贴的概念

津贴是企业支付给员工工资以外的补助费，主要是为了补偿员工特殊或额外的劳动消耗。津贴作为劳动报酬的一种补充分配形式，不仅能给员工多一份保障，还能体现企业对员工的关怀与照顾。津贴的特点如图 7-1 所示。

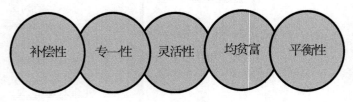

图 7-1 津贴的特点

7.1.2 津贴的内容

根据《关于工资总额组成的规定》及《国家统计局〈关于工资总额组成的规定〉若干具体范围的解释》规定，津贴的内容包括 5 项，如表 7-1 所示。

表 7-1　　　　　　　　　　　　　　　津贴的内容一览表

津 贴 项 目	具 体 内 容
补偿员工特殊或额外劳动消耗的津贴	该项目具体有高空津贴、井下津贴、流动施工津贴、野外工作津贴、高温作业津贴、冷库低温津贴、海岛津贴、高原地区临时津贴、夜班津贴、中班津贴等
保健性津贴	保健性津贴具体有卫生防疫津贴、医疗卫生津贴、员工特殊保健津贴等
技术性津贴	技术性津贴具体有特殊教师津贴、科研津贴、工人技师津贴、中药老药工技术津贴、特殊教育津贴等
年功性津贴	年功性津贴具体有工龄津贴、教龄津贴、护士工龄津贴等
其他津贴	其他津贴具体有直接支付给个人的伙食津贴，包括火车司机和乘务员的乘务津贴、航行和空勤人员伙食津贴、体育运动员和教练员伙食补助费、少数民族伙食津贴等，还有书报费等

7.1.3 津贴的设计方法

津贴是员工工资构成的一部分，津贴设计的合理与否关系到企业的薪酬体系合理与否。完整的津贴制度应明确规定津贴的项目、适用范围、标准以及发放办法等内容。其设计步骤一般遵循以下程序。

1．确定津贴的适用范围

确定哪些工种或岗位要纳入实施津贴的范围，根据岗位或工种的性质分别适用什么样的津贴项目。

2．设置津贴的项目

津贴的设计要符合国家的相关法律法规，对要求设计津贴的岗位或工种进行详细调查研究，综合权衡后再设计津贴项目。在设计津贴项目时应注意以下要点。

（1）避免任意设置津贴项目。企业应根据自身情况设置津贴，考虑津贴设计的目的和意义，避免随意设计没有任何目的的津贴。

（2）避免重复设置津贴项目。为适应新的工作环境，各种新的津贴项目应运而生，同时一些旧的津贴项目可能失去了继续存在的价值，这时要及时废止，防止津贴项目越来越多，给企业带来较沉重的负担。

3．确定津贴标准

（1）津贴标准的制定方法。

① 按照员工本人标准工资的一定比率制定，这种方法适用于保障员工生活水平的保障性津贴。

② 绝对额制定，这种方法适用于除保障性津贴以外的其他津贴。

（2）确定津贴标准时应考虑的因素。

① 员工在特殊条件下劳动的繁重程度。

② 员工在特殊条件下劳动时身体受到危害的程度。

③ 员工在特殊条件下劳动时生活费用支出增加的程度。

④ 劳动保护设施的完善程度、工作时间的长短等情况。

一般来说，特殊条件下劳动强度越大，对身体危害越严重，生活费用越高以及劳动保护设施越差的工种或岗位，津贴标准应越高一些；反之，则应适当低一些。

4．明确津贴的发放形式

企业应根据本身的特点确定津贴的发放形式。

5．津贴的日常管理

津贴制度是整个工资制度的组成部分之一，加强津贴制度的管理，对做好企业内部分配、调动员工积极性、提高企业经济效益都有重要意义。企业在津贴制度管理上应做好以下两方面的工作。

（1）做好津贴日常管理工作。企业要制定一整套加强津贴管理的规章制度和合理的支付办法。津贴设立之后，要对其进行跟踪，检验其可实施性和科学性，发现问题及时改进。

（2）做好津贴制度的动态管理工作。津贴制度的一个显著特点是随情况的变化而变化。当劳动条件和生活环境发生变化时，企业应及时对津贴制度做出相应的调整，使之能够始终有效地发挥积极作用。

7.1.4 津贴的发放技巧

津贴发放的唯一依据是劳动条件与环境。津贴一般是以货币形式支付的，但占薪酬总额的比例往往较小，一般不应超过薪酬总额的10%。

1. 津贴的发放形式

津贴既有货币形式，又有实物形式，企业应根据自身的特点来确定采用哪种形式发放。通常，与额外劳动补偿有关的津贴采取货币形式发放，并构成辅助工资的一部分；与身体健康补偿有关的津贴，一般采取实物形式发放。

2. 津贴的发放时间

各企业应根据自己与员工协商的结果自行确定津贴的发放时间，一般情况下，津贴的发放时间有两种，如表7-2所示。

表7-2　　　　　　　　　　　　津贴的发放时间一览表

津贴的发放时间	具 体 说 明
按月全额发放	按月全额发放即每月随工资发放时间一并全额发放
分阶段考核发放	有些企业也采用每月先发放一定比例的津贴，其余部分结合员工表现根据考核结果发放，考核内容可以与员工考勤、工作态度、业绩等相关

3. 津贴发放常见的4个问题

津贴发放常见的4个问题包括津贴滥发滥用问题严重、平均主义严重、津贴管理观念落后、津贴设计的初衷难以实现。这些问题同样常见于补贴的发放。

【微课堂】

A公司是一家集设计、研究与生产于一体的冶金及环保设备的科技型专业公司，是中关村最新认定的首批国家双高新技术企业。请你利用本章所学知识为A公司设计学历津贴、职务津贴和加班津贴。

7.2 补贴设计的方法

7.2.1 补贴的概念

补贴是指为了补偿员工特殊或额外的劳动消耗和因其他特殊原因而支付给员工的基本工资以外的报酬。例如，为了保证员工工资水平不受物价影响而支付给员工的物价补贴，主要包括车补、话费补贴等。

7.2.2 补贴的内容

在企业实际操作中，补贴也可作为津贴的一种形式，与津贴合并设计。每个企业薪酬制度不同，规定的补助及标准也各不相同，工资补贴大致包括餐饮补贴、住房补贴、交通补贴、通信补贴、出差补贴、医疗补贴、困难补贴等，即企业可通过多种形式对员工进行补贴，具体内容如表 7-3 所示。

表 7-3   补贴的多种形式

补贴项目	具体说明
餐饮补贴	企业为员工提供的早、中、晚餐补助或饮料补贴
住房补贴	企业对无自有住房员工或自有住房面积未满足住用需求的员工发放的购房或住房补贴
交通补贴	企业用于补偿员工上下班乘坐市内公共交通工具而发生的费用，或补偿员工使用个人交通工具而发生的燃油费、保养费
通信补贴	企业为补偿员工因工作需要发生的移动、固定电话通信费用而向员工提供的补贴项目
出差补贴	企业为补偿员工因出差造成生活成本增加的费用而向员工提供的补贴项目
CPI 补贴	企业根据当前经济形势向员工提供的临时性物价补贴，用来缓解员工因 CPI 上涨带来的生活拮据，如果 CPI 下降，则可以随时取消该补贴项目
医疗补贴	企业补偿员工因病或非因工负伤发生的医疗费用而支付的补贴
困难补贴	企业对因病、因残或其他原因导致生活困难的部分员工发放定期或一次性困难补助费

此外，补贴还包括保健费、餐补、异地补贴、特殊岗位津贴、煤火补贴、肉类价格补贴、副食品价格补贴、粮价补贴、煤价补贴、房屋补贴、水电补贴等。

7.2.3 补贴设计的方法

企业在进行补贴的设计时一般遵循以下程序。

1. 确定补贴的适用范围

确定哪些工种或岗位要纳入实施补贴的范围，根据岗位或工种的性质分别适用什么样的补贴项目。

2. 设置补贴的项目

在设计补贴项目时应注意以下要点。

（1）避免任意设置补贴项目。企业应根据自身情况设置补贴，考虑补贴设计的目的和意义，避免随意、没有任何目的地设计补贴。

（2）避免重复设置补贴项目。为适应新的工作环境，各种补贴项目应运而生，同时一些补贴项目可能失去了继续存在的价值，这时要及时废止，防止补贴名目越来越多，给企业带来较沉重的负担。

3. 确定补贴标准

（1）补贴标准的制定方法。补贴标准的制定方法包括按照员工本人标准工资的一定比率制定的方法，这种方法适用于保障员工生活水平的保障性补贴；还包括绝对额制定法，这种方法适用于除保障性补贴以外的其他补贴。

（2）确定补贴标准时应考虑的因素。补贴设计需要考虑与能力和资历等个人差别有关的因素，与工作环境、工作条件、工作时间、物价生活等工作生活差别有关的因素等，具体如表7-4所示。

表7-4 确定补贴标准应考虑的因素

补贴因素	具体说明
个人因素	反映岗位任职者个人因素的补贴主要是为了补偿任职者个人的某些因素，如知识、技能、资格等
工作生活因素	工作生活差别因素补贴用于补偿员工特殊劳动消耗或额外生活支出方面

一般来说，特殊条件下劳动强度越大，对身体危害越严重，生活费用越高以及劳动保护设施越差的工种或岗位，补贴标准应越高一些；反之，则应适当低一些。

4．进行补贴的日常管理

补贴制度是整个工资制度的主要组成部分之一，加强补贴制度的管理，对做好企业内部分配、调动员工积极性、提高企业经济效益都有重要意义。企业在补贴制度管理上应做好以下两方面的工作。

（1）做好补贴日常管理工作。企业要制定一整套加强补贴管理的规章制度和合理的支付办法。补贴设立之后，要对其进行跟踪，检验其可实施性和科学性，发现问题及时改进。

（2）做好补贴制度的动态管理工作。补贴制度的一个显著特点是可以随情况的变化而变化。当劳动条件和生活环境发生变化时，企业应该及时对补贴制度做出相应的调整，使之能够始终有效地发挥积极作用。

7.2.4 补贴的发放技巧

通常把与生产（工作）相联系的补偿称为津贴，把与生活相联系的补偿称为补贴。补贴一般是以货币形式支付的，但占薪酬总额的比例往往较小，一般不应超过薪酬总额的10%。

1．补贴的发放形式

补贴通常采取货币形式发放，并构成辅助工资的一部分。

2．补贴的发放时间

各企业应根据自己与员工协商的结果自行确定补贴的发放时间。一般情况下，补贴的发放时间与津贴基本一致。

【微课堂】

A公司某员工11月的工资是5000元，其中，基本工资3000元，奖金1000元，交通补贴300元，伙食补贴600元，电话补贴100元。试问，该员工工资中补贴工资是多少？

7.3 福利设计的方法

薪酬体系中员工福利项目越来越受企业的重视，企业设置福利的目的不仅是提高员工收入，更主要的是激励员工更加努力工作，增强对企业的归属感，以及增加企业在社会上的美誉度。

因此，企业设置的福利项目也应该立足于满足员工的不同需求，只有这样才能实现企业设置福利项目的目的，实现福利激励的有效性。

7.3.1 福利的概念

福利的提供主要是企业为了保留和激励员工而采用的一种形式，福利的体现形式不仅仅局限于现金，还可以是实物、带薪休假、旅游、股权、培训、保险等。

福利是企业向所有员工提供的，是用来创造良好的工作环境和方便员工生活的间接性薪酬。它是一种补偿性、调和性的报酬，一般情况下，福利较多以服务或实物的形式支付给员工。福利是一种间接的激励，它的积极作用是隐约的，然而影响是巨大的。

员工福利与薪酬最大的区别在于，福利不以员工对企业的相对价值和员工的当前贡献为基础。

7.3.2 福利的类型

企业为员工提供的福利项目可分为国家的福利和企业的福利两大类，具体如表 7-5 所示。

表 7-5 福利项目一览表

福利项目	解释说明	具体内容
国家的福利	国家相关法律法规规定的必须由企业为员工提供的福利项目	国家的福利包括社会保险（包括养老保险、失业保险、工伤保险、生育保险、医疗保险）、住房公积金、带薪年休假、带薪婚丧产假、法定节假日、探亲假等
企业的福利	由企业的经营状况和财务状况来综合确定	企业的福利通常包括补充保险、商业保险、工作餐、免费住宿、各种奖金、旅游、体检、各种过节费或实物、免费班车、各种文娱活动、抽奖活动等

1. 国家的福利

通过表 7-5 可知，国家的福利包括社会保险、住房公积金、带薪年休假、带薪婚丧产假、法定节假日、探亲假等。

（1）社会保险

社会保险作为国家的福利的重要组成部分，是指为了保障员工的合法权益，而由政府统一管理强制执行的社会性福利措施，具体包括社会养老保险、失业保险、工伤保险、医疗保险和生育保险 5 项基本内容。社会保险的计算由两个主要因素组成，即社会保险的缴费基数和社会保险的缴费比例。

① 养老保险。养老保险是社会保险最重要的组成部分之一，它是为解决劳动者达到法定退

休年龄时，因丧失劳动能力而退出劳动岗位后基本生活的维持问题，根据国家相关法律规定而编制的制度。

② 医疗保险。医疗保险包括基本医疗保险和大病医疗保险两部分。医疗保险是指员工生病或受到意外伤害时，由国家和社会提供的医疗服务或经济补偿的一种社会保障。

③ 失业保险。失业保险是国家强制执行的，对因失业而暂时中断生活来源的员工提供物资帮助并促进其再就业的一种社会保障形式。失业保险的享受与缴费受员工个人户籍性质的影响。

④ 工伤保险。工伤保险是指员工在生产经营过程中因遭受意外伤害或职业病而丧失劳动能力时，企业给予救助、治疗或生活保障的一种社会保障形式。其缴费比例受企业所属行业的危险程度影响。工伤保险仅由企业负责缴纳，员工本人不需要缴纳。

⑤ 生育保险。生育保险是指员工因个人生育原因而暂时中断劳动时，由国家和社会及时给予生活保障和物资帮助的一项社会保障形式，目的在于通过提供生育津贴，帮助女员工在生育后恢复劳动能力，促进其尽快返回工作岗位。员工生育保险的缴纳不受性别影响。

社会保险由各企业人力资源部统一负责办理，由企业代扣代缴，员工配合企业准备办理社会保险所需要提供的各种资料。凡与企业建立正式劳动合同关系的员工均需要缴纳社会保险，员工或企业均不能因为个人原因而不缴、漏缴或少缴社会保险。

（2）住房公积金

住房公积金作为国家福利的重要组成部分之一，是指企事业单位及其在职员工缴存的长期住房储蓄金，是住房分配货币化、社会化和法制化的主要形式。这里的企事业单位包括国家机关、国有企业、城镇集体企业、外商投资企业、城镇私营企业及其他城镇企业、事业单位、民办非企业单位、社会团体。

住房公积金制度是国家法律规定的重要的住房社会保障制度，具有强制性、互助性、保障性特点。企业和员工个人必须依法履行缴存住房公积金的义务。

住房公积金每月从基本工资按一定比率扣除个人缴存部分，然后由单位按同等金额补贴。

（3）带薪假

带薪年休假是指员工在企业工作满一定时期（通常满一年）后，可享受的带薪休假。带薪婚假、丧假、产假、探亲假等是指根据国家相关法律规定，企业应该给予员工的带薪假期，相关假期天数由企业参照国家及地方规定的标准制定，原则上不能低于国家规定的标准。

（4）法定节假日

根据《全国年节及纪念日放假办法》第二条规定：①元旦，放假1天（1月1日）；②春节，放假3天（农历除夕、正月初一、初二）；③清明节，放假1天（农历清明当日）；④劳动节，放假1天；⑤端午节，放假1天；⑥中秋节，放假1天；⑦国庆节，放假3天（10月1日、2日、3日）。各企业在日常运营中应参照执行，原则上不能低于国家规定天数。

2. 企业的福利

不同于国家的福利，企业的福利具有自主性，企业可以根据自身的经营状况，结合员工需要进行福利项目设置及额度确定。企业福利有自定性、补给性、激励性特点。

（1）企业福利设计的原则

① 严格控制福利开支，提高福利服务效率，减少浪费。

② 根据员工的需要和企业特点提供多样化的福利项目。

③ 由于福利有平均主义的倾向，所以，可以选择一些福利项目，将它们与员工的业绩紧密联系，以提高福利分配的激励作用。

④ 选择的福利项目应对员工的行为有一定的影响，如在职培训等项目，促进员工人力资本投资。

（2）企业福利的种类

① 企业补充医疗和养老保险。企业补充医疗和养老保险是指由企业根据自身经济实力，在国家规定的实施政策和实施条件下，为本企业员工所建立的一种辅助性的医疗和养老保险。

② 各种补助或补贴。工作餐补助；节假日补助，是每逢劳动节、国庆节和春节，企业为员工发放的节假日补助；生日补助，是指员工生日时，企业为员工发放生日贺礼；结婚补助，是企业给付正式聘用员工结婚时的结婚贺礼。

③ 教育培训。为不断提高员工的工作技能和员工自身发展，企业为员工定期或不定期地提供相关的培训，其采取的方式主要有在职培训、短脱产培训、公费进修、出国考察等。

④ 设施福利。为丰富员工的业余生活，培养员工积极向上的道德情操而设立的福利项目，包括组织旅游、开展文体活动等。

⑤ 劳动保护。因工作需要劳动保护的岗位，企业必须发放在岗人员劳动保护用品。员工在岗时，必须穿戴劳动保护用品，并不得私自挪作他用。员工辞职或退休离开公司时，须到人力资源部交还劳动保护用品。

7.3.3　福利的预算

企业进行福利预算的目的在于降低福利成本，控制费用开支，提高福利设置的有效性。

企业在设置福利项目时，应对每项福利的大概费用进行预算，以方便企业在实际执行过程中对各项福利费用的控制、调整，确保福利计划项目的有效实施。

企业进行福利预算的办法有两种，具体如下。

（1）参照往年福利项目及福利费用标准，包括福利项目总费用和各分项费用。结合本年度企业预计在福利费用方面的总投入额度，适当地调整各分项福利费用标准，或者增减福利项目数量。此方法的优点是操作简单，便于控制福利费用总额。

（2）根据企业计划要给员工的单项福利费用标准或者福利项目数量，加总得到企业总的福利项目预算额度。此方法能直接反映企业的员工福利水平，但在总成本上不好控制，容易超出企业支付能力。

7.3.4　福利的发放技巧

福利的发放要依据企业的福利计划来执行，包括福利发放的时间、发放的形式、发放的对象等。企业在制订福利计划时，一般会结合企业的实际经营状况及行业特点，针对不同的岗位特点设置不同的福利项目。

1. 福利发放的时间

福利发放的时间一般根据企业所设置的福利计划的实施时间。例如，逢年过节给员工发放一定的福利，高温、寒冷时期给员工发放相关福利等，根据员工个人实际需要发放的福利等，按企业规章制度规定的时间发放。

2. 福利发放的方式

（1）较多企业采用实物发放办法，如过年过节时发物品。

（2）以货币形式发放。

（3）以旅游、度假、免费培训等无形形式兑现。

3. 福利发放的对象

福利发放的对象主要针对福利设置的目的而发放。一般普及型福利的发放对象是全体员工；特殊型福利的发放对象是出现相应福利规定的条件的员工，才可以享受，如结婚时的红包、业绩优秀员工的外出旅游等。

7.3.5　福利的创新方法

1. 弹性福利

弹性福利是企业在员工充分参与的基础上，建立每个员工不同的福利组合，并定期随着其兴趣爱好和需求变化，做出相应变更。福利支付形式个性化是弹性福利的重要特点，弹性福利的形式像自助餐一样，可让员工自由挑选喜欢的物品，因此也叫作自助式福利。一般而言，弹性福利计划的种类主要包括4种，具体如表7-6所示。

表7-6　　　　　　　　　　　　　　　　弹性福利计划类型

福利计划	具 体 说 明
附加型福利计划	附加型福利计划是指在现有的福利计划之外，再提供其他不同的福利计划供员工选择。这是最为普通的弹性福利制度，实施这种附加福利计划，不会降低原有的直接薪酬水平和福利水平
混合匹配福利计划	混合匹配福利计划由"核心福利"和"弹性选择福利"组成，"核心福利"是每个员工都可以享有的基本福利，不能自由选择；"弹性选择福利"可以随意选择，并附有价格。在实施混合匹配福利计划时，员工可以按照自己的意愿在企业提供的福利领域中决定每种福利的多少，但是总福利水平不变
标准福利计划	标准福利计划是指由企业同时推出几种不同的福利组合，员工可以自由地进行选择，但是没有权利来自行构建福利项目组合。福利组合之间的差异可能在于福利项目的构成不同，也可能是由同样的项目构成，但是每种福利项目的水平之间存在差异
选高择抵型计划	企业一般会提供几种项目不等、程度不一的福利组合供员工选择，以组织现有的固定福利计划为依据，在此基础上设计数种不同的福利组合。这些组合的价值和原有的固定福利相比，有的高，有的低。如果员工选择了一项价值高于原有福利项目的福利组合，那么他就需要从薪水中扣除一定的金额来支付其间的差价。如果员工选择一个价值较低的福利组合，同样可以要求企业给付其间的差额

2. 职业福利

企业在应用职业福利时，可有选择性地采用图 7-2 所示的形式。

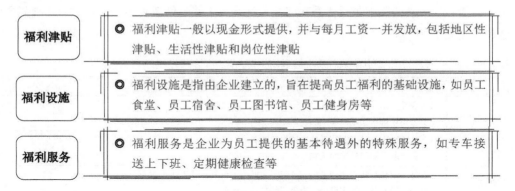

图 7-2　职业福利的应用形式

【微课堂】

　　A 公司是一家化妆品连锁公司，人员流动问题特别严重，领导想通过员工福利来解决这个问题。假如让你来设计福利制度，试问，你将采用什么样的福利措施来降低人员流动率。

7.4 奖金设计的方法

7.4.1　奖金的概念

　　奖金也称奖励工资，是因员工超额完成工作任务或取得优秀业绩而支付的可变薪酬，其目的在于对员工进行激励，促使其继续保持良好的工作势头。由于奖金不累计计入基础工资部分，一般基数相对较大，所以能够有效地激励员工。但企业在经济效益不佳的情况下可以不发放奖金，这样有利于企业控制人工成本。

7.4.2　奖金的类型

　　奖金在薪酬设计中占有重要地位，并对员工有较强的激励作用，企业设立的奖金主要包括全勤奖、绩效奖、项目奖、优秀部门奖、创新奖、优秀员工奖等。

　　（1）全勤奖。为奖励员工出勤，减少员工请假，特设立此奖金项目。

　　（2）项目奖。项目奖是针对研发人员而设立的奖项，一般以项目的完成为一个周期。

（3）绩效奖。绩效奖金是因员工业绩达标或企业经营目标实现而发放的奖金。绩效奖金的发放总额由企业经营绩效决定，其具体奖励标准可以根据奖励指标完成程度来制定。

（4）其他奖项。其他奖项包括优秀部门奖、优秀员工奖、创新奖等。某企业的几种奖金项目和奖励条件如表7-7所示。

表7-7   优秀部门奖、优秀员工奖、创新奖的奖励条件

奖 金 项 目	奖 励 条 件
优秀部门奖	（1）业绩突出 （2）公司评选得票最高者
优秀员工奖	（1）连续3次及以上绩效考核被评为优秀者 （2）获得所在部门员工的认同
创新奖	（1）努力革新新技术、新工艺，且用于实践中大大提高了生产效率 （2）开拓新业务且切实可行，为公司带来较高的效益

7.4.3 奖金的设置方法

企业奖金设置的主要依据是：员工个人绩效、企业成本节约、部门或团队的绩效、企业产量、企业利润、企业投资回报、企业收益、企业质量标准。

奖金的设计与发放

企业奖金的设置一般遵循以下程序。

1．确定奖金经费来源

即要发放的奖金从哪里提取，是企业按照一定的比例和标准从指定的奖励基金、节约的资金、企业基金或企业实现的利润中提取，还是由国家或上级主管机关直接下发。

2．选择奖励的主要项目

即奖金主要用于奖励什么项目，或奖励的目的是什么。可以根据本企业经营、工作的需要，确定奖励的项目和相应的奖励指标；可以以刺激员工超额贡献而奖励为目的；可以以约束员工节约成本、减少消耗而奖励为目的等。

3．制定奖金发放的标准

即企业既定的要实施奖励的某个项目的奖金标准或按不同档次、不同级别划分的人员奖金发放的标准。

4．制定奖金分配办法

奖金分配的常用办法有积分法和系数法。积分法即对有定额的员工按照超额完成情况评分，对无定额的员工按照任务完成程度进行综合评分；系数法即在工作评价的基础上，根据岗位贡献大小确定岗位奖金系数，最后根据个人完成任务情况按系数进行分配。

5．确定奖金发放周期

奖金发放周期应根据奖励项目的性质、目的和工作需要来确定。例如，与企业整体经济效益和社会效益有关的奖励项目，可采取年度奖金的形式发放；对于持续的、有规律的工作奖励，可设置月度奖、季度奖等形式。

7.4.4　奖金的评比方法

企业在设置奖金项目时，均会有一定的标准或目的。奖金的评比同样要依据设置奖金的项目而定。不同项目的奖金评比标准、评比时间、评比方式均不一样，因此，进行奖金评比应首先确定评比的奖金属于什么项目。

1. 奖金评比的目的

通过评比发现参与人员成绩结果与企业预定的标准有什么不同或存在多大的差距，区分出参与人员的优劣情况，依据优劣情况排名发放相应额度的奖金。

2. 奖金评比的方式

（1）小组讨论式。成立奖金评比小组，根据既定的评比标准对参评人员打分，通过沟通、讨论确定评比结果。

（2）现场演示式。个别工种属于技术操作型，容易观察，在比赛前制定相应的评比标准，让参与人员按照标准进行操作，以发现成绩优劣情况，并根据结果进行奖金兑现。

（3）闭卷考试式。设计一定的问题，让参与评比人员闭卷考试，并参考标准答案，统一判分进行评比，进而发放评比奖金。

（4）业绩考核式。根据业绩的实际完成情况，结合业绩计划和评比标准对业绩进行评定，并按照事先界定好的奖金额度范围实施奖金发放。

无论什么形式、什么性质的奖金，在评比前均需制定一定的评比标准或者规则，方能正式开展奖金评比。

3. 奖金评比的时间

奖金设置的项目性质不同，奖金评比的时间也就不同。例如，项目奖金在项目结束时进行评比；优秀奖金评比按照企业计划的月度优秀评选、季度优秀评选或年度优秀评选项目，在相应的月度末、季度末或年度末评比。

7.4.5　奖金的发放技巧

奖金的发放原则是鼓励先进，鞭策后进，奖优罚劣，奖勤罚懒。贯彻多超多奖，少超少奖，不超不奖的奖金分配原则。奖金的发放可以根据员工个人的业绩来评定，也可以根据企业或部门的效益来评定。通常情况下，不同目的的奖金的发放技巧不同。

1. 业绩奖金

发放对象：全体员工。

发放时间：通常是年终一次性发放。

发放依据：结合全年业绩考核成绩，分别给予不同额度的奖金额度。

发放技巧：依据员工对企业的重要程度、工作绩效等因素获得相应额度的业绩奖金。

2. 超额完成任务的奖金

发放对象：超额完成任务的员工。

发放时间：年终或者是考核期末。

发放依据：考核期业绩任务完成情况。

发放技巧：根据财务预算，按照营业额的一定比例提取奖金。

3．年终奖金

发放对象：全体员工。

发放时间：年终发放。

发放依据：企业在年终有利润时才发放年终奖。

发放技巧：从企业的当年实际利润总额中按照一定比例提取。

4．项目奖金

发放对象：技术研发人员及参与技术研发项目的其他部门和人员。

发放时间：根据项目节点和进度而定。

发放依据：依据项目完成情况、个人完成情况及个人责任大小确定。企业确定项目奖金总额，并对项目参与人员进行考核以确定各参与员工的奖金额度。

发放技巧：项目奖金在项目节点完成时发放，但是经批准可以按季预支，累计预支金额不超过实际可能发放金额的 70%。

5．特殊奖金

发放目的：对员工的优秀表现予以正强化，以激励员工自觉地关心企业的发展、维护企业的形象。

奖金构成：创新奖、优秀建议奖以及优秀员工卓越贡献奖。

发放技巧：各种特殊奖金的发放方式如表 7-8 所示。

表 7-8　　　　　　　　　　　　特殊奖金的发放方式

奖 金 名 称	发 放 依 据
创新奖	员工在工作方法、工作思路或开拓业务等方面有较大的突破和创新，在改善工作流程、提高工作效率或管理水平方面有突出贡献
优秀建议奖	针对企业的技术、生产或管理中存在的问题提出建议并被采纳，或者十分关心企业的发展，经常提出有效建议
优秀员工卓越贡献奖	在其他方面为企业经营活动做出特殊贡献、付出超额劳动

【微课堂】

> 　　B 公司在过去 5 年里发展非常迅速，经营业绩非常好，每逢假期都有奖金，"五一""十一"假期还有旅游奖励。马上又要到"五一"了，但公司业绩不佳，总经理决定缩减开支。员工因此士气低迷，工作效率低下。请问，该公司的问题出在了哪里？你有什么好的建议？

复习与思考

1. 津贴的定义是什么?
2. 津贴的发放技巧有哪些?
3. 确定补贴标准时应考虑的因素有哪些?
4. 福利的类型有哪些?
5. 请简述企业奖金的设计方法。

知识链接

强生公司新福利"支持员工关爱家庭"

自 2017 年 8 月 1 日起,强生公司所有在华子公司的正式员工都可以在生育或领养孩子的第一年内,享受至少 8 周的全薪育婴假。该育婴假包括产假、陪产假和收养假,该福利不仅女性员工可以享受,男性员工同样可以享受,使夫妻双方共同分担责任,悉心抚育新生命,照顾家庭。

技能实训

设计一份津贴设计方案的模板

　　津贴是为了补偿员工特殊或额外的劳动消耗，不仅能给员工多一份保障，还能体现企业对员工的关怀与照顾。请设计一份津贴设计方案的模板。

【本章知识导图】

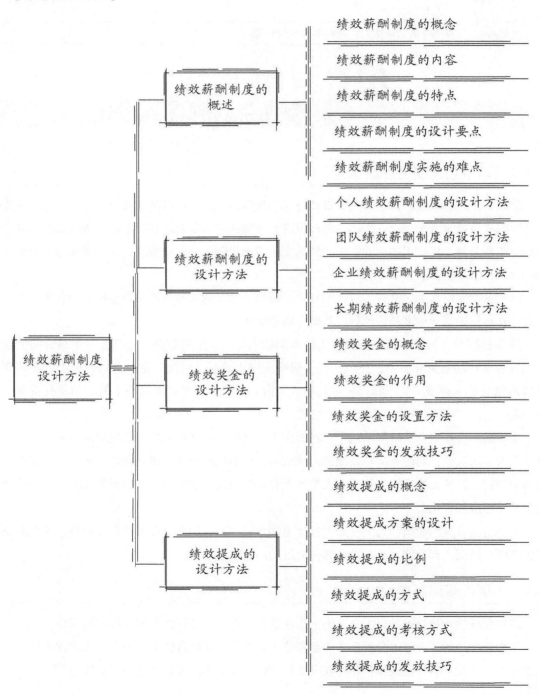

绩效薪酬制度设计方法
- 绩效薪酬制度的概述
  - 绩效薪酬制度的概念
  - 绩效薪酬制度的内容
  - 绩效薪酬制度的特点
  - 绩效薪酬制度的设计要点
  - 绩效薪酬制度实施的难点
- 绩效薪酬制度的设计方法
  - 个人绩效薪酬制度的设计方法
  - 团队绩效薪酬制度的设计方法
  - 企业绩效薪酬制度的设计方法
  - 长期绩效薪酬制度的设计方法
- 绩效奖金的设计方法
  - 绩效奖金的概念
  - 绩效奖金的作用
  - 绩效奖金的设置方法
  - 绩效奖金的发放技巧
- 绩效提成的设计方法
  - 绩效提成的概念
  - 绩效提成方案的设计
  - 绩效提成的比例
  - 绩效提成的方式
  - 绩效提成的考核方式
  - 绩效提成的发放技巧

【学习目标】

职业知识	● 了解绩效薪酬制度、绩效奖金及绩效提成的概念 ● 明确绩效薪酬的类型、特点及设计要点 ● 明确绩效薪酬制度、绩效奖金及绩效提成的设计方法
职业能力	● 灵活运用绩效薪酬制度的设计方法，设计对应的绩效薪酬制度 ● 灵活运用绩效奖金、绩效提成的设计方法，根据企业实际需求做好绩效奖金、绩效提成设计工作
职业素质	具备优秀的沟通能力、协调能力与分析能力

8.1 绩效薪酬制度的概述

8.1.1 绩效薪酬制度的概念

绩效薪酬又称绩效加薪、奖励工资或与评估挂钩的工资，是以员工被聘上岗的工作岗位为依据，根据岗位技术含量、责任大小、劳动强度和环境优劣确定岗级，以企业经济效益和劳动力价位确定工资总量，以员工的劳动成果为依据支付劳动报酬，是劳动制度、人事制度与工资制度密切结合的薪酬制度。

绩效薪酬制度起源于计件工资，但它不是简单意义上的薪酬与产品数量挂钩的薪酬形式，而是建立在科学的薪酬标准和管理程序基础上的薪酬体系。

绩效薪酬制度的基本特征是将员工的薪酬收入与个人业绩挂钩。业绩是一个综合的概念，它不仅包括产品数量和质量，还包括员工对企业做出的其他贡献。企业支付给员工的业绩薪酬虽然也包括基本薪酬、奖金和福利等几项主要内容，但各自之间不是独立的，而是有机地结合在一起。

绩效薪酬将业绩和薪酬联系起来，目的在于激励员工更好地工作。绩效薪酬体系从广义上理解是个人、团队或公司的业绩与薪酬的明确联系，薪酬依据个人、团队和企业业绩的变化而具有灵活的弹性；其狭义的理解是员工个人的行为和业绩与薪酬的联系，薪酬根据员工的行为表现和业绩进行相应的变化。

由于员工自身的业绩和行为在较大程度上能自己控制，因此，员工可以控制自己薪酬总量水平的高低，从而达到薪酬对员工业绩调控的目的。

8.1.2 绩效薪酬制度的内容

绩效薪酬的计量基础是员工个人的工作业绩，因此，业绩评估是绩效薪酬的核心。

工作业绩评估手段可以分为正式体系和非正式体系，非正式体系主要是依靠管理人员对员工工作的个人主观判断；正式体系建立在完整的评估系统之上，强调评估的客观性。

1. 业绩评估目标及其制定原则

业绩评估的目的不仅为付给员工合理的劳动报酬提供依据,更重要的是发挥员工个人的能力和创造性,达到员工个人发展目标与企业发展目标一致。因此,制定切实可行的评估目标是绩效工资的基础,在评估目标确定中,要遵守以下原则。

(1)员工对评估目标一定要接受并认可,业绩评估目标一定要在上下级之间、主管和员工之间充分交流的基础上制定。

(2)业绩测量手段要可靠、公正和客观,评估后,要将规划业绩和实际业绩的差距及时反映给被评估者,达到及时沟通的目的。

(3)对于非业绩优秀者,要帮助和监督被评估者制订完善的计划,根据计划有针对性地进行培训,或提供改进的条件,达到鞭策后进的目的。

(4)对于业绩优秀者,不仅要给予外在奖励(增加收入),还要给予内在奖励(提供晋升和发展机会),从内外两方面鼓励优秀者为企业做出更大的贡献。

2. 业绩要素

业绩评估要选择一些有代表性的业绩要素,这些要素能够全面、客观地反映被评估者的业绩,有利于评估者做出公正的评价。

不同企业在业绩要素的选择上,侧重不同。英国伦敦收入资料局(Income Data Services)于1989年做了一项研究,将使用频率最高的业绩要素进行了筛选,如表8-1所示。

表8-1　　　　　　　　　　业绩要素选择表

使用频率较高的要素	使用频率稍低的要素
(1)与工作有关的知识、能力和技能 (2)工作热情、责任感、工作态度和敬业精神 (3)工作质量及其关注意识 (4)工作数量	(1)处理问题和工作方式的灵活性 (2)独立处理问题的能力和开创性 (3)管理他人的能力 (4)对岗位需要的熟悉程度 (5)出勤和守时情况 (6)确定和实现优先目标的能力

此外,在业绩要素的选择上要注意以下3点。

(1)要和评估方式相结合。

(2)避免选择一些与工作关系不大,纯属个人特点和行为的要素。

(3)培养关注业绩评估的文化氛围,业绩评估的作用不仅仅局限于薪酬发放,最终目标是为了激励员工实现企业目标的积极性和创造性。

3. 评估方式

企业业绩评估的方法有很多,但先进的评估方法具备两个特点。一是体现规范化和程序化的特点;二是注重评估效果,突破为评估而评估、为报酬而评估的传统框架。

4. 实施条件

业绩工资的实施需要具备一些条件,包括以下4个方面。

（1）工资范围足够大，各档次之间拉开距离。

（2）业绩标准制定要科学、客观；业绩衡量要公正有效，衡量结果应与工资挂钩。

（3）有浓厚的企业文化氛围支持业绩评估系统的实施和运作，使之起到奖励先进、约束落后的作用。

（4）业绩评估过程与企业目标实施过程相结合，将工资体系运作纳入整个企业的生产和经营运作系统中。

5. 选择绩效薪酬制度

绩效薪酬制度与其他 4 种薪酬制度在选择时具体的比较如表 8-2 所示。

表 8-2　　　　　　　　　绩效薪酬制度与其他 4 种制度的比较

类　型	付酬因素	特　点	优　点	缺　点
绩效薪酬制度	员工劳动贡献	与绩效直接挂钩，工资随绩效浮动	激励效果明显，节约人工成本	助长员工短期行为
技能/能力工资制度	员工所拥有的知识、技能	因人而异，技能/能力提高，工资提高	鼓励员工发展广度技能，有利于人才培养	技能评定复杂，能力界定困难
岗位工资制度	岗位价值	对岗不对人，岗变薪变	同岗同酬	灵活性差，鼓励官本位思想
市场工资制度	劳动力供求关系	根据市场、竞争对手确定工资	竞争性强，操作简单	缺乏内部公平
年功序列工资制度	员工的年龄、工龄和经验	工龄与工资同步增长	稳定性好，员工忠诚度高	缺乏弹性，缺乏激励

8.1.3　绩效薪酬制度的特点

与传统薪酬制度相比，绩效薪酬制度独特的地方主要体现在以下 4 个方面。

（1）有利于员工工资与可量化的业绩挂钩，将激励机制融于企业目标和个人业绩的联系之中。

（2）有利于工资向业绩优秀者倾斜，提高企业效率和节省工资成本。

（3）有利于突出团队精神和企业形象，增强激励力度和团队成员之间的凝聚力。

（4）绩效工资占总体工资的比例较高，增强了企业付薪的有效性。

绩效薪酬制度的不完善之处和负面影响主要有：容易导致对绩优者的奖励过高，对绩劣者约束欠缺的现象，而且在对绩优者奖励幅度过大的情况下，容易造成一些员工瞒报业绩的行为。因此，对员工业绩的准确评估和有效监督是绩效薪酬实施的关键。

8.1.4　绩效薪酬制度的设计要点

若使绩效与薪酬有效联系，企业还应建立绩效管理体系，而且必须满足以下条件：员工的工作绩效是可以度量的，员工之间的绩效差别是可以区分的，员工可以体会到绩效差别和薪酬差别之间的关系，业绩薪酬增长的前景将激励提高绩效行为的产生，个人绩效和企业绩效之间存在可以建立的联系。

绩效薪酬制度设计的要点包括绩效薪酬制度的支付形式、关注对象、配置比例、绩效等级和分布方式，以及绩效薪酬体系增长方式等。具体内容如下。

1．绩效薪酬制度的支付形式

绩效薪酬制度的支付形式，即薪酬支付是以什么形式来建立与绩效的联系的。薪酬支付形式包括业绩工资、业绩奖金和业绩福利，也包括股票或利益共享计划等形式。

企业绩效薪酬制度支付的原因有很多，如员工可以因销售的增长、产量的提高，对下属的培养、成本的降低等而得到绩效薪酬等。

企业高层常用中长期绩效薪酬制度来激励，而低层员工常用短期的绩效薪酬制度来激励。依据不同的支付形式，企业提供的绩效薪酬制度频率各不相同，可能是每月进行一次支付，也可能是每季度或一年进行一次支付。

2．绩效薪酬制度关注的对象

绩效薪酬制度关注的对象，即绩效薪酬制度关注的是个人还是团队，抑或是在关注团队绩效的基础上注重个人业绩。绩效薪酬制度关注的对象受到企业文化价值观和不同发展阶段的战略等因素的影响，个人的绩效薪酬制度建立在个人的绩效基础上，团队的绩效薪酬制度基于团队的绩效。

3．绩效薪酬制度配置比例

绩效薪酬制度配置比例，即绩效薪酬制度在不同部门或不同层次岗位中的配置标准。绩效薪酬的配置标准与各个岗位的工资等级和对应的外部薪酬水平相关；与个人或团队的业绩联动，使得员工或团队可以通过对业绩的贡献来调节总体工资水平。

4．建立绩效等级

绩效等级是依据绩效评估后对员工绩效考核结果划分的等级层次，它与具体的绩效指标和标准有关，也与企业考核的评价主体和方式有关。在做到公正、客观对员工绩效进行评价的基础上，绩效等级的多少和等级之间的差距将会对员工绩效薪酬分配产生很大影响。

在设计绩效等级时，还要考虑绩效薪酬制度对员工的激励程度。等级过多造成差距过小，将会影响对员工的激励力度；等级过少造成差距过大，将会影响员工对绩效薪酬制度的预期，以致员工丧失向上的动力。

5．绩效分布

在确定企业绩效等级之后，还应明确不同等级内员工绩效考核结果的分布情况，即每一等级内应有多少名员工或有百分之几的员工。通常来讲，企业决定员工绩效分布时基本符合正态分布现象，即优秀的占 10%～20%，中间的占 60%～70%，而差的占 10%～20%。

严格的绩效分布一方面有利于对员工的绩效进行区分，另一方面也有利于消除绩效评价各方模糊业绩，使得被评价对象的评价结果趋中。

8.1.5　绩效薪酬制度实施的难点

企业在绩效薪酬制度确定完毕后应及时对员工进行宣传、培训，讲清楚绩效薪酬制度的出发点和宗旨，最大限度地获得各层次员工的支持，以确保在正式实施过程中减少或避免来自不同层级员工的障碍。

企业实施绩效薪酬最大的意义在于回报那些工作最努力、贡献最多的人。但是在日常绩效薪酬制度实施过程中难免会出现一些缺点和难点，企业应注意，如图 8-1 所示。

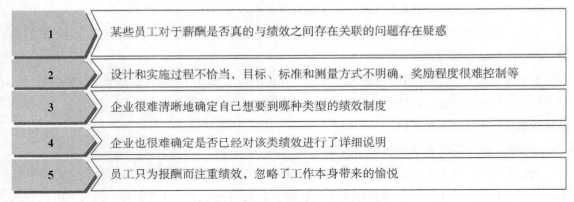

1	某些员工对于薪酬是否真的与绩效之间存在关联的问题存在疑惑
2	设计和实施过程不恰当，目标、标准和测量方式不明确，奖励程度很难控制等
3	企业很难清晰地确定自己想要到哪种类型的绩效制度
4	企业也很难确定是否已经对该类绩效进行了详细说明
5	员工只为报酬而注重绩效，忽略了工作本身带来的愉悦

图 8-1　绩效薪酬制度实施过程中的缺点和难点

从以上几个方面可以看出，企业要想通过高效地实施绩效薪酬制度来激励员工，提高绩效，会面临着很多问题，包括绩效和薪酬本身的性质和员工对这种制度的感知和接受程度、合理分配奖励的支付方式、员工的风险承受能力、员工对绩效的控制能力等。

【微课堂】

> 　　B 公司绩效制度是个人绩效薪酬制度，而不是团队绩效薪酬制度。员工的绩效工资标准由顾客的满意度决定。
>
> 　　1 个月后，张波至和谢汀风的绩效工资只增加了 1%。因为大多数顾客在满意度调查表中都选择了"比较满意"这一选项。后来，公司实行团队绩效薪酬制度，结合双方的优点为顾客提供更有效的服务——张波至提供与公司产品相关的知识，谢汀风跟踪顾客以确保顾客的问题得到解决。请问，究竟如何选择合适的绩效薪酬制度？如何消除和避免绩效薪酬制度中出现的问题？

8.2 绩效薪酬制度的设计方法

8.2.1　个人绩效薪酬制度的设计方法

个人绩效薪酬制度或称个人绩效奖励计划，是针对员工个人的工作绩效提供奖励的一种报酬制度。它的基本特征是将员工的薪酬收入与个人绩效挂钩，重在奖励个人的工作绩效，给予员工差别化的薪酬。

绩效薪酬制度设计主要包括 3 个方面：设立绩效指标与绩效标准，采取科学的绩效评估方法，设计绩效与薪酬之间的联系。实际上前两个方面都是绩效考评工作，后一项才直接与薪酬管理有关。可见，绩效考评是否公正有效与准确完善是个人绩效薪酬制度的重要基础。

1. 个人绩效薪酬制度设计的目的

在个人绩效薪酬制度下，薪酬根据员工的行为表现和业绩进行相应的变化。

2. 个人绩效薪酬制度设计的注意事项

个人绩效薪酬制度设计要注意表 8-3 所示的事项。

表 8-3　　　　　　　　　　　　个人绩效薪酬制度设计的注意事项

事　项	具 体 说 明
只注重个人绩效，忽视了团体绩效	个人绩效薪酬制度在实施过程中，企业往往只看到了个人所带来的效益，却忽视了企业是一个团体，打击了其他员工的工作积极性，从而影响了其他员工的工作热情
个人绩效薪酬制度内含的假设是人的业绩评估可以脱离他所工作的企业体制	事实上个人绩效是企业绩效的逐步分解，个人绩效不可能脱离企业而独立存在。很显然，多数问题存在于企业的体制内，很少是由个体引发的
不同的领导对业绩的看法可能存在差异，导致绩效薪酬不统一	绩效评价的指标没有全部量化，指标设计不可能完全与企业实际相吻合，评价标准模糊，主观性强，从而导致不同领导眼中的不同绩效结果及不同薪酬结果，进而降低了薪酬对员工激励的效果
奖励指标的片面性可能会歪曲激励	员工可能只关心上级所考核的那项指标，或有利于自己报酬提高的工作，而忽视其他有价值的但又与奖励性回报没有直接关系的工作。这样在自认为个人业绩良好的情况下，却可能忽略整个企业绩效和企业战略目标的实现
鼓励员工注重短期效益，损害企业长期利益	在衡量绩效时，企业往往侧重的是可量化的绩效，忽视了其他能影响企业长期效益的因素。从短期来看，个人奖励薪酬制度的确能改进部分绩效；但从长期来看，它会极大地破坏企业绩效
付出与绩效结果关联性不大	员工的付出与绩效结果关联性不大，影响了个人绩效付酬制的客观性、公正性，难以达到满意效果
员工绩效的取得可能会受外部因素的影响	员工绩效的取得不可避免地要受到个人不可控因素的影响，如经济周期、市场环境、工作环境、企业竞争力、工作机会、上级的管理水平等，如果因外部因素导致员工业绩低下，这时员工会觉得绩效薪酬不合情理
不利于员工获取更多的技能，对企业长期发展不利	员工担心学习其他技能影响生产速度，进而影响其短期收入。同时，个人绩效薪酬制度对需要进行长期性、试验性的科研工作也是不利的，容易造成短期行为，不利于高水平科研成果的出现
浪费生产资源	为实现个人绩效，员工浪费生产资源，如不注意设备保养和维护、滥用设备等
增加与管理者之间的摩擦	绩效薪酬与员工利益直接相关，结果不够明确，执行过程中容易与管理者产生争执，如工作机会不均等、指标不合理、考核不公正等

在薪酬管理中，企业不仅要重视外在的经济性薪酬，也要重视工作本身所具有的内在薪酬，通过转换视角，关注系统，强调整体优化，激励员工的工作积极性和创新性，从而极大地提高企业的整体绩效。

因此，在绩效薪酬制度上，企业不仅要关注系统，也要关注政策和做法对团队绩效以及企业整体与长远绩效的影响，必须与企业的战略目标及其文化和价值观保持一致，与企业的中长期利益相一致，并且与其他经营活动相协调，而不能仅仅关注个人的业绩。

8.2.2　团队绩效薪酬制度的设计方法

所谓团队绩效薪酬制度，就是通过对团队职责和业绩完成结果的考评，并根据考评结果对其贡献程度大小进行衡量，进而为团队支付相应的报酬的制度。

团队绩效是企业绩效考核的一个层面。团队绩效管理体系以团队建设为核心，有效地融合了企业绩效管理与岗位绩效管理，同时提高了可操作性和绩效管理的深度。通过团队绩效管理，使企业关注团队，以团队为绩效管理对象，团队则关注成员的绩效，提高企业绩效管理的效率。

绩效管理中的绩效考核一般可分为两个层次：企业层面的绩效考核和员工层面的绩效考核。在现代企业管理中，对于绩效的关注已经从单纯的关注员工层面的绩效考核逐渐转移到关注企业层面。

团队绩效考核指标是企业绩效目标的层层分解。确定团队绩效考核的指标分类后，需要确立团队绩效考核指标体系。团队绩效考核指标体系的建立是团队绩效管理的第一步，也是出发点。遵循一个相对科学的团队绩效考核指标提取的流程，将会事半功倍。

团队绩效薪酬制度的设计和制定呈现出以下一些特性。

（1）在绩效薪酬的支付形式上，更注重绩效薪酬、远期报酬。

（2）团队绩效薪酬关注的对象是整个团队的绩效。

（3）绩效薪酬的配置中绩效薪酬占最大比例。

（4）绩效薪酬分配方式是先在团队间进行分配，然后再依据个人绩效进行分配。

（5）绩效薪酬的增长方式以一次性的业绩奖励为主。

总之，团队绩效薪酬制度必须明确需要达到的目标，有效利用薪酬策略和绩效与薪酬的联系，使得企业只为那些具备关键技能和创造高绩效的员工支付高薪，而对那些具备一般技能、绩效一般或较低的员工支付平均或低于市场水平的薪酬，从而使企业能够吸引所需的拥有关键技能的人才和留住高绩效员工，以满足战略需要，实现对企业成本的控制。

8.2.3　企业绩效薪酬制度的设计方法

所谓企业绩效薪酬制度，就是根据企业绩效完成情况来实施薪酬管理的制度。

企业绩效是团队绩效考核的最高层面。企业绩效管理体系以企业的组织建设为核心，有效地融合了团队绩效管理与岗位绩效管理，同时提高了可操作性和绩效管理的深度。

通过企业绩效管理，使企业关注其组织内不同层次成员，以企业绩效目标实现为绩效管理最终目标，提高企业绩效管理的效率。

8.2.4　长期绩效薪酬制度的设计方法

长期绩效薪酬制度是指对企业经营管理业绩绩效关注期限超过一年的薪酬管理制度，一般适用于企业中高层管理人员。

长期绩效薪酬制度以促进企业的长期发展为主，使管理人员在计划、组织、领导、决策时更加关注长期观念。在企业长期成功发展的同时，为管理人员提供积累财富和资本增值的机会。常见的企业长期绩效薪酬形式包括股票分享计划、股票期权、股票增值权、受限股票、虚拟股票、绩效计划等。具体说明如表 8-4 所示。

表 8-4　　　　　　　　常见的企业长期绩效薪酬设计方式

形　式	含　义	具体说明
股票分享计划	股票分享计划是指企业在特定时间内，给予员工一定的企业股票	根据给予员工股票的方式，股票分享计划能够强化对员工绩效的牵引，也能提高员工的组织承诺度和保留优秀员工
股票期权	股票期权是长期绩效薪酬制度的常见形式，是指在一定时间内按照特定的价格购买一定数量的企业股票的权利	管理人员以当前价格购进企业股票，在未来一段时间以较高的价格卖出，从中获得利润。股票价格受企业经营状况、营利能力等影响，管理者可以通过自身努力改善经营状况，从而实现企业经营目标的达成或利润的增长，进而使企业股票升值，管理者从中获利
股票增值权	股票增值权是附属于股票期权的一种权利。它可以使管理人员在股票期权的有效期内因股票价格增值来获得利益，而并不需要购买股票	股票增值权可以单独授予，也可以与股票期权同时授予。如果股票增值权是与股票期权同时授予的，带有增值权的股票数量通常与股票期权项下的股票数量相等，执行一个股票期权一般会相应地取消一个股票增值权；反之亦然
受限股票	受限股票是指将股票免费地转让给管理人员，但员工对受限股票的完全获取权是有条件的，即只有在将来提供了实质性的服务，才能获得股票的实际拥有权	如果满足了股票授权所需的限制条件，那么在限制期末该管理人员就可以完全拥有这些股票；如果未能满足条件，就会完全丧失对这些股票的拥有权
虚拟股票	虚拟股票是指假设一定数量的企业股票属于管理人员，但是股票的实际所有权不变	这些虚拟股票的价格等于企业普通股票的价格，但是不像真实的股票那样具有真实的企业所有权利益，仅仅是将这些虚拟股票贷记到企业账簿中，其价格随企业股票价格的涨落而涨落。经过规定的一段时间后，公司将虚拟股票赎回，或者以现金或股票的形式支付给虚拟股票所有者
绩效计划	绩效计划是企业给予员工的股票或成就奖金，这是以企业能够实现某些特定的经营目标为条件的奖励	绩效计划是根据在多年期计划开始时确定的目标，支付的奖励或价值根据所测算的可能得到的效益而变化

【微课堂】

　　假如某公司员工 5 月的个人绩效完成情况未达标，但该员工因所在团队和组织当月绩效达标而获得一定的绩效薪酬。你认为这样的做法合理吗？如何改进？

8.3　绩效奖金的设计方法

8.3.1　绩效奖金的概念

　　绩效奖金是企业为了保障各部门经营目标的实现，以促进企业经营目标及经营利润的实现而制定的业绩激励政策。绩效奖金的管理内容涉及绩效奖金的设置方案、激励措施、发放时间、发放办法等。

绩效奖金也称一次性奖金，是根据员工的绩效考核结果给予的一次性奖励，奖励的方式与绩效调薪有些类似，只是对绩效不良者不会进行罚款。绩效奖金包括货币性质的奖励和非货币性质的奖励。

通过以上内容可知，绩效奖金是由于员工达到某一绩效，企业为了激励员工这种行为而支付的奖金。现代企业的薪酬结构主要由 3 大部分构成：工资、奖金（年终奖金与特殊专项奖金）与福利（法定福利与企业补充福利）。

绩效工资的实质是岗位价值押金，即企业将员工对应的岗位薪资水平拆分成两部分，一部分固定发放，另一部分则根据绩效调整发放。

绩效奖金根据企业前一个考核周期的利润收入的一定比例进行再分配。直接产生业绩的部门与没有直接产生业绩的部门通过奖金比例进行平衡。

8.3.2　绩效奖金的作用

绩效奖金作为企业激励员工的一种重要工具，有其独特的激励作用，主要体现在以下 5 个方面。

（1）将员工的收入同本人的工作绩效直接挂钩，会鼓励员工创造更多的效益，同时又不增加企业的固定成本。

（2）持续而严格的绩效工资体系能促进员工改善工作方法，不断提高能力和工作绩效。

（3）使绩效好的员工得到了奖励，同时也能吸引、保留绩效好的员工。

（4）业绩不景气的时候，取消奖金，工资成本降低，企业可以不减员或少减员，让员工有安全感，增加了员工的忠诚度，顺利度过低潮期；经济复苏时，企业也有充足的人才储备，不必临时大批量招募人才。

（5）与员工个人工作态度相关联，促进其积极表现，努力工作并提出更多、更好的建议。

8.3.3　绩效奖金的设置方法

不同于其他的奖金，绩效奖金是与企业经营业绩直接相关的奖励项目，其设置目的不同，受益对象也不同。在进行经营绩效奖金设置时，应全面考虑企业绩效奖金设置参考的考核指标及所要实现的明确目标。

1. 绩效奖金设置的目的

企业设置绩效奖金的目的是提高生产率，降低不良品率，使员工绩效与个人所得与企业经营效益紧密相连。

2. 绩效奖金设置的原则

（1）对企业和员工个人双方均有利。

（2）标准的制定与实际业绩的衡量须简单、科学、可行，易被双方接受。

（3）应有严格的品质管理和适当的流程、记录，并监督落实。

（4）必须配合部门和企业的目标及相应的权责制定。

（5）兼顾过程和结果，能排除客观因素带来的干扰。

3. 绩效奖金设置的步骤

企业在进行绩效奖金设置时应遵循一定的步骤（见图8-2），以确保绩效奖金设置的合理性。

 确定效益目标。通过分析衡量，确定企业希望实现的或提升的业绩目标

 确定奖励方式。直接产生业绩和间接产生业绩的个人或团体奖金发放方式的确定

 确定绩效奖金项目。根据企业及岗位的性质确定某岗位采取哪些指标进行业绩考核

 确定奖金额度。员工业绩达到什么标准，分别采取的奖金额度是多少

图 8-2　绩效奖金设置的步骤

8.3.4　绩效奖金的发放技巧

绩效奖金的发放根据企业采取的绩效管理方案而定。通常在考核期末，结合企业和员工个人业绩，根据绩效薪酬体系中设置的相关公式及既定的比例进行发放。

绩效奖金一般采取货币形式发放。由于企业的绩效考核周期不同，所以绩效奖金的发放时间也不同，通常有月度绩效考核、季度绩效考核和年度绩效考核，有些企业也采取项目结束时一次性进行考核。

【微课堂】

　　B 公司是一家网络销售公司，最近公司员工工作的积极性不高，公司领导想通过设置绩效奖金来激励员工。试问什么是绩效奖金？绩效奖金的设置方法有哪些？又该如何进行绩效奖金的发放？

8.4 绩效提成的设计方法

8.4.1 绩效提成的概念

提成即从总数中提取一定的份额，就是根据劳动者个人产值总额的一定比例提取份额，支付给员工个人作为报酬，此比例也叫提成率。提成率的透明特征有助于提高员工的积极性，对于提高个人业绩颇有成效。

8.4.2 绩效提成方案的设计

目前已有多种提成方案被企业广泛应用，其中最常见的有纯佣金制、基本制、瓜分制、浮动定额制、同期比制。这几种提成方案分别有其独特的适用条件及优缺点。

绩效提成方案的设计

1. 纯佣金制

纯佣金制指的是按销售额（或毛利、利润）的一定比例进行提成，作为销售报酬，此外，销售人员没有任何固定工资，收入是完全变动式的。

（1）计算公式如下：

$$个人收入 = 销售额（或毛利、利润）× 提成率$$

（2）实施条件。实施条件具体包括：已有人获得众所周知的高额收入；收入一旦获得，有一定的稳定性和连续性；从开始工作到首次提成的时间无须太长；纯佣金制适用于单价不特别高，但毛利率又非常可观的产品。

（3）优点。销售报酬指向非常明确，能激励销售人员努力工作。它还将销售人员工资成本的风险完全转移到销售人员自身业绩上，大大地降低了公司运营成本的压力。

（4）缺点。首先，完全的佣金行为导向使得销售人员热衷于进行有利可图的交易，而对其他不产生直接效益的事情不予重视，有时甚至会损害公司的形象。其次，纯佣金制带给销售人员的巨大风险和压力，减弱了销售队伍的稳定性和凝聚力。最后，纯佣金制易于助长销售人员骄傲自大、不服从管理、不尊重领导的倾向。

2. 基本制

基本制指将销售人员的收入分为固定工资和销售提成两部分。销售人员有一定的销售定额，无论是否完成销售指标，都可得到固定工资；如果销售额超过设置指标，则超过部分按预定比例提成。

基本制综合了固定工资制和纯佣金制的特点，使得销售人员的收入既有基本保障，又有与销售成果相关的提成的刺激，为他们消除后顾之忧的同时增加了工作的动力。

基本制目前已被企业普遍采用。计算公式如下：

$$个人收入=固定工资+（当期销售额-销售定额）×提成率$$
$$个人收入=固定工资+（当期销售额-销售定额）×毛利率×提成率$$

有些企业在规定定额提成制的前提下，对销售人员进行业绩考核，完不成定额任务的，固定工资部分会进行相应比例的扣除以示惩罚，激励上进。

3. 瓜分制

瓜分制是指统一核算团队业绩总额，再分别核算个人业绩总额，在考核期末根据个人业绩完成额占团队业绩总额的比例来确定个人工资。

（1）计算公式如下：

$$团体总工资=单人额定工资×人数$$
$$个人工资额=团体总工资×（个人业绩额÷团队业绩总额）$$
$$个人工资额=团体总工资×（个人业绩毛利完成额÷团队业绩毛利完成总额）$$

通常情况下，瓜分制的人数应多于 5 人，否则易于串通作弊，达不到鼓励内部竞争、提高工作效率的目的。

（2）优点。操作简单，易学易懂，成本相对固定，却依然能鼓励竞争。

（3）缺点。员工理解较为困难，瓜分制可能会引发内部竞争，不利于部门之间的工作协调。

4. 浮动定额制

浮动定额指的是将每月的平均业绩定额（即当月的业绩总额除以当月生产总人数所得的人均业绩额度）乘以一定比例。

如果实际完成业绩额在浮动定额以下，则只拿基本工资；如果实际完成业绩额在浮动定额以上，除了加基本工资外，超过定额部分按一定比例另外提成。

（1）计算公式如下。其中，比例设定一般为 70%～90%较为合适。

$$个人工资=基本工资+（个人当期销售额-当期浮动定额）×提成率$$
$$当期浮动定额=当期人均销售额×比例$$

（2）实施条件。实施条件具体包括生产人员的生产机会比较均衡，参与浮动定额制的生产人员数量要尽可能多。

（3）优点。优点包括浮动定额制可以综合反映市场行情，减弱环境的剧烈变化对销售人员收入的影响；操作起来比较简单，可以减少误差程度；能够充分鼓励内部员工竞争，大大提高工作效率，有助于控制成本。

（4）缺点。浮动定额制能引发激烈的内部竞争，有损内部的团结合作。

5. 同期比制

同期比制指将每人当期业绩额与上一年同期比较，如果比上一年差，则予以处罚，处罚程度与下降比例挂钩。实施同期比制主要是防止销售人员由于工作时间较长、资格较老，而出现的老油条的工作态度；或者是不安心于本职工作，在外兼职而导致销售额下降。同期比制不适合由于市场状况的整体恶化而导致销售额下降的情况。

（1）计算公式如下。

$$个人工资=［基本工资+（当期业绩额-定额）×提成率］×（当期销售额÷$$
$$去年同期销售额）×n（n为1、2、3……视需要而定）$$

（2）优缺点。优点是见效快。缺点是容易产生矛盾，而且由于操作时前后换算的困难，也使得采用同期比制往往只能持续几个月时间。

企业采用哪种提成方式，均需要根据自身的特点，结合财务周密核算，有针对性地选择合适的方案方能实现提成制薪酬体系的激励作用。

8.4.3 绩效提成的比例

绩效提成比例通常分为固定提成比例和累进或累退提成比例两种方式。固定提成比例即所有的业绩按照固定的比例分成。累进或累退方式即根据业绩分成几个不同的区间，分别使用递增或递减的比例予以提取，这由产品的特性和成本结构通过财务核算来具体决定。

实行提成制的薪酬体系，关键在于确定合适的提成比例。合适的提成比例不仅能激励生产人员努力工作，提高生产率，也能更好地控制企业生产经营成本，所以根据市场行情和企业战略确定合适的提成比例非常重要。

无论是什么性质的提成，或者分发给哪些人员的提成，提成比例均需要财务人员根据企业的总利润额扣除企业发展等必需的费用分配之后进行周密核算来确定。

8.4.4 绩效提成的方式

绩效提成的方式有全额提成和超额提成两种，具体内容如表 8-5 所示。

表 8-5　　　　　　　　　　　　　　　提成的方式一览表

提成方式	解 释 说 明
全额提成	全额提成即按照总的产值额的一定比例提成，浮动工资制
超额提成	超额提成即保证完成一定的基本业务量，超额部分会有提成的奖金，当然在这种方式下员工会有一定的基本工资

企业在设置提成方式时，既可以按照个人业绩提成，也可以按照群体的业绩提成，具体根据企业的性质和目的而定。企业中常见的提成方式有生产提成和销售提成。

8.4.5 绩效提成的考核方式

实行提成制的薪酬体系首先要确定合适的提成指标，一般按照业务量或销售额提成，即多做多得。企业实行提成制薪酬体系，需事先确定提成的基数，即员工产值达到一定额度标准，设置一个相应的提成比例。

　　企业在考核期末，根据事先设置好的提成基数和比例对员工实际完成业绩进行考核。员工按约定完成定额标准的，则按比例进行提成；没有完成定额标准的，企业事先声明有相应惩罚措施的，按相应的惩罚措施执行。

8.4.6　绩效提成的发放技巧

　　实施提成制薪酬体系的企业应按照事先约定的比例和方式进行提成发放。提成发放的形式一般是货币形式，现金或银行转账均可。

　　提成的发放时间要根据企业采用的提成方案来定，一般有按月度业绩总额发放提成、按季度业绩总额发放提成和按年度业绩总额发放提成，或者按照某个项目结束时所获得总利润的一定比例进行发放。

【微课堂】

　　　A 公司是一家集产、供、销为一体的企业，主营休闲食品。产品主要有干果、麦片、蜜饯等。现公司为了把销售人员的绩效提成设计得更加合理，以提高销售人员的士气，欲完善绩效薪酬制度设计。请你根据所学内容，设计一份销售人员的绩效提成核算标准表。

复习与思考

1. 绩效薪酬制度的定义是什么？
2. 个人绩效薪酬体系的缺点是什么？
3. 绩效奖金设置的原则是什么？
4. 请简述绩效奖金的发放技巧。
5. 提成比例通常分为哪两种形式？

知识链接

纽柯公司"实践中的奖励计划"

纽柯公司（Nucor Corp）是美国最大的钢铁生产商。在该公司中，员工能够得到和基本薪酬一样高甚至更高的奖金，并且所有的员工都参与了4种绩效奖励计划中的1种。

生产奖励计划：生产类和维修类的员工和主管人员每周可以根据他们生产小组的生产率得到奖金。

部门经理奖励计划：根据每个部门所获得的净收入与该部门所占用的资产总额之比，向各个部门经理发放年终奖。

专业技术人员和办公人员奖励计划：根据所在部门的资产净收益率情况获得奖金。

高层管理人员奖励计划：高层管理人员（他们的基本薪酬低于竞争公司中的同行）根据公司净收益与股东权益之间的年度总体百分比得到奖金。

纽柯公司每年还向公司所有员工发放10%的经营利润。根据公司绩效的差异，这部分奖金的金额可能达到员工薪酬的1%～20%。

技能实训

设计一份绩效奖金方案的模板

绩效奖金是企业激励员工的一种重要工具，有其独特的激励作用。请设计一份绩效奖金方案的模板。

宽带薪酬的设计方法 第9章

【本章知识导图】

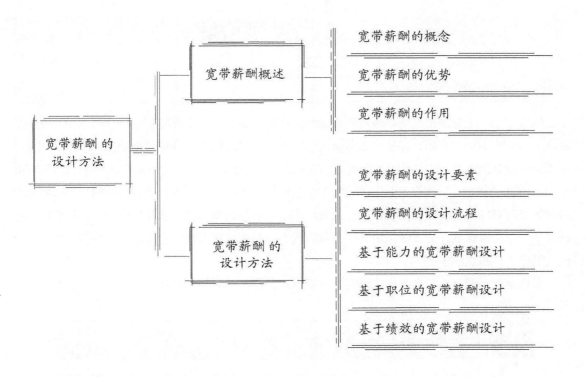

【学习目标】

职业知识	● 了解宽带薪酬的概念、优势及作用 ● 明确宽带薪酬设计的要素及流程
职业能力	能够掌握宽带设计的流程，灵活运用基于能力、基于职位等的宽带薪酬设计方法，进行宽带薪酬设计
职业素质	具备优秀的文字和语言运用能力与分析能力

9.1 宽带薪酬概述

9.1.1 宽带薪酬的概念

所谓宽带，主要是指薪酬等级对应的薪酬浮动范围加宽。在传统的薪酬设计理念中，业绩从根本上不能影响员工薪酬，即使员工业绩出色，也只能通过职位晋升使其薪酬得到增长，因此，员工要想使薪酬增长，就只有拼命向更高的职位进取，而不是针对本人特长充分发挥，追求卓越。

所谓宽带薪酬，是指将企业中原有的多个薪酬等级压缩成相对较少的薪酬等级，同时将每个薪酬等级所对应的薪酬浮动范围拉大，从而形成一种新的薪酬管理系统及操作流程。宽带薪酬中的"带"指工资级别，宽带则指工资浮动范围较大。与宽带薪酬相对应的是窄带薪酬，即工资浮动范围较小、级别较多。

采用宽带薪酬模式的企业应该满足3个基本的条件，如图9-1所示。

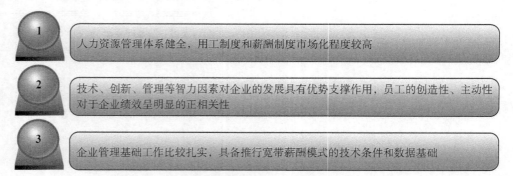

图 9-1 采用宽带薪酬模式的企业应满足的 3 个基本条件

从上述基本条件分析可见，并非所有企业均适合使用宽带薪酬模式。企业在开展宽带薪酬前应先健全相应的基础工作。

9.1.2 宽带薪酬的优势

与传统的薪酬相比，宽带薪酬模式有其独特的优势，具体内容如下。

1. 有利于打破等级观念

打破等级观念，即减少了工作之间的等级差别，有助于企业组织结构向扁平化发展，同时有利于企业提高效率以及创造学习型的企业文化，从而提高企业的核心竞争优势和企业的整体绩效。

2. 有利于职位轮换与员工职业生涯的发展

在宽带薪酬体系下，薪酬的高低是由能力而不是由职位来决定的，员工的薪酬水平摆脱职位的束缚，只要员工乐意通过相关职能领域的职务轮换来提高自己的能力，获得更大的回报，就可以简单、快速地执行，避免了因职务调动带来薪酬变动等烦琐的手续。职位轮换也推动了员工职业生涯的发展。

3. 有利于管理人员以及人力资源专业人员的角色转变

实行宽带薪酬结构，即使是在同一薪酬宽带当中，由于每一个薪酬带的薪酬区间的最高值和最低值之间的变动比率可能等于或者大于 100%，因此，对于员工薪酬水平的界定留有很大空间。在这种情况下，部门经理就可以在薪酬决策方面拥有更多的权力和责任，可以对下属的薪酬定位提出更多的意见和建议。

这种做法既充分体现了人力资源管理的思想，又有利于促使直线部门的经理人员切实承担起自己的人力资源管理职责；同时也有利于人力资源专业人员从烦琐的事务性工作中脱身，转向关注对企业更有价值的高级管理工作，充分扮演好部门经理的战略伙伴和咨询顾问的角色。

9.1.3　宽带薪酬的作用

宽带薪酬在现代企业薪酬管理中具有非常重要的作用，主要体现在以下 3 点。

1. 引导员工提高个人技能和能力

在宽带薪酬结构下，同一个薪酬宽带内，企业为员工所提供的薪酬变动范围比员工原来的薪酬等级中多个薪酬等级范围之和可能还要大。这种情况下，员工获取高收入不用仅依靠职位晋升这一种渠道，员工也不必为薪酬的增长而过度关注职位晋升，而只需关注发展企业需要的技术和能力，做好企业强调的那些有价值的事情即可。

2. 密切配合劳动力市场上的供求变化

在宽带薪酬结构中，薪酬水平是以市场薪酬调查的数据以及企业的薪酬定位为基础确定的，因此，薪酬水平的定期审查与调整使企业能更好地把握其在市场上的竞争力，同时有利于企业相应地做好薪酬成本控制工作。宽带薪酬结构以市场为导向，使员工从注重内部公平转向注重个人发展以及自身在外部劳动力市场上的价值。

3. 推动良好的工作绩效

宽带薪酬将薪酬与员工的能力和绩效紧密结合起来，起到了对员工更为灵活的激励作用。在宽带薪酬结构中，部门经理可以灵活地对那些能力强、业绩好的员工提供薪酬方面的倾斜。宽带薪酬结构弱化了头衔、等级、过于具体的职位描述以及单一的向上流动方式，向员工传递一种个人绩效文化。

宽带薪酬结构弱化了员工之间的晋升竞争，更多地强调员工之间的合作和知识共享、共同进步，以此来帮助企业培育积极的团队绩效文化，这对于企业整体业绩的提高非常有益。

【微课堂】

> 某公司的工资水平在行业处于中等，但核心技术人员和生产人员的水平处于中等以下。工资的等级和行政级别相关，有 45 个等级，级差只有 50 元，工资的调整由总经理一人决定。请问该公司存在哪些问题？宽带薪酬的优势是什么？你对该公司有什么好的建议？

9.2 宽带薪酬的设计方法

9.2.1 宽带薪酬的设计要素

宽带薪酬在设计过程中有以下两个组成要素。

1. 外部竞争性

外部竞争性是通过企业参与市场调查而得到的结果。薪酬水平只有具备了外部竞争性，才能吸引并留住企业优秀人才。

宽带薪酬在制定过程中，同样要遵循外部竞争性这项基本原则。将本企业所在行业劳动力市场上的各种岗位进行分类，界定各岗位的工作内容标准，使之在不同企业之间具有可比性，从而发现本企业各岗位工作内容上存在的不同之处，将相应岗位的薪酬水平进行平衡，进而再度比较薪酬水平的竞争性。

2. 内部公平性

内部公平性是指设计薪酬时通常通过工作分析和职务评价，设计出合理可行的级别体系，确保企业内部级别系统的合理性和公平性。

现在比较流行的职务评估方法有三因素法和四因素法，即通过职务评估算出各职务的点数，通过点数比较各职务之间的价值大小。根据职务评估结果形成的自然级别作为设计企业级别的基础，企业级别的形成有可能是自然级合并的结果，多级自然级合并就形成宽带薪酬级别。不同的薪酬管理方法在评估后形成自然级别的方法也不完全相同，这一点因企业而异，由企业的类型、岗位特点、岗位分布状况和数量等因素决定。

传统的一岗一薪制缺乏激励机制。外资企业多采用宽带薪酬管理，但是不同行业的企业其宽带薪酬的"宽度"也不完全相同。宽带薪酬管理匹配于扁平化的组织管理结构，不强调资历，提倡职业发展和成长，这一点与外资企业的文化相吻合。因此，在我国企业中推行宽带薪酬管理时，企业必须考虑如何建立与之相适应的企业文化。

9.2.2　宽带薪酬的设计流程

企业在进行宽带薪酬的设计时应遵循以下流程。

宽带薪酬的设计流程

1．确定企业的人力资源战略

根据企业的战略和核心价值观确定企业的人力资源战略。支持企业战略目标的实现是人力资源管理体系的根本目标，也是企业薪酬管理体系的根本目标，否则，人力资源管理就永远停留在传统的人事管理阶段，无法成为企业的战略伙伴。

企业通过建立人力资源战略，将企业战略、核心竞争优势和核心价值观转化为可以测量的行动计划和指标，并借助于激励性的薪酬体系强化员工绩效行为，增强企业的战略实施能力，有力地促进企业战略目标的实现。

在这里，人力资源管理体系不仅仅是一套对员工贡献进行评价并予以肯定激励的方案，它更应是将企业战略及文化转化为具体行动，以及支持员工实施这些行动的管理流程。

2．制定切合企业需要的薪酬战略

根据企业的人力资源战略、外部的法律环境、行业竞争态势及企业的发展特点制定切合企业需要的薪酬战略。把薪酬体系和企业的经营战略有机结合起来，不同的经营战略具体化为不同的薪酬战略及方案。

在进行薪酬体系设计时，从薪酬策略的选择、薪酬计划的制订、薪酬方案的设计、薪酬的发放及沟通，均应体现企业战略、核心竞争优势和价值导向对人力资源尤其是激励机制的要求，否则企业的战略目标和核心价值观将得不到贯彻。对于符合企业战略和价值趋向的行为和有助于提高企业核心竞争优势的行动在薪酬上予以倾斜，以强化员工的绩效行为。

企业的薪酬体系体现了企业战略和核心价值观对人力资源尤其是激励机制的要求，但不能脱离企业所在行业的特点和企业的生命周期。

首先，企业所在行业的特点主要体现为企业所在行业的技术特点和竞争态势。技术是用来使企业的投入转变为企业产出的工具、技能和行动。企业的技术水平有两种形态，即制造和服务，这两种形态对企业的薪酬体系的要求是不同的。

其次，企业也要经历从成立、成长、成熟直至衰退的不同阶段。处于不同生命周期的企业具有不同的特点，因此需要不同的薪酬体系来适应其战略条件。

3．选择适合运用宽带技术的职务或层级系列

根据企业的组织结构特点及工作性质，选择适合运用宽带技术的职务或层级系列。在传统的金字塔型组织结构、强调个人贡献的文化氛围中，往往采用等级制的薪酬模式。但随着组织的等级逐渐趋于平坦，强调团队协作而不是个人贡献，在组织中用较少的工资范围跨度很大的工资类别来代替以前较多的工资级别。

4. 运用宽带技术建立并完善企业的薪酬体系

运用宽带技术建立并完善企业的薪酬体系的步骤、实施内容及注意事项如图 9-2 所示。

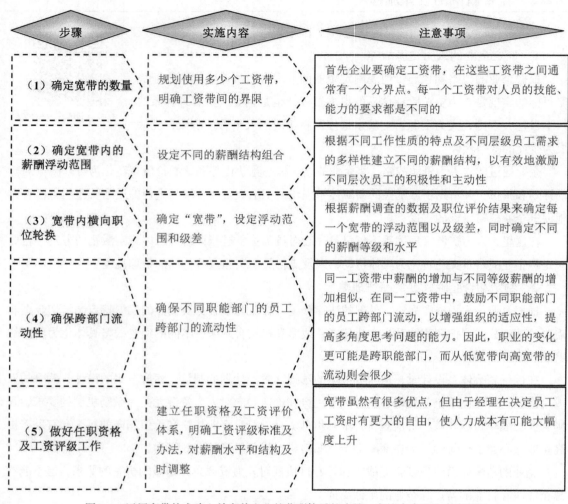

图 9-2　运用宽带技术建立并完善企业的薪酬体系的步骤、实施内容及注意事项图

因此，为了有效地控制人力成本，抑制宽带薪酬模式的缺点，在建立基于宽带的薪酬体系的同时，还必须构建相应的任职资格体系，明确工资评级标准及办法，营造一种以绩效和能力为导向的企业文化氛围。

9.2.3　基于能力的宽带薪酬设计

基于能力的宽带薪酬体系是根据特定职位的员工工作的胜任能力高低（知识，技术，能力的深度、广度和类型）及对公司的忠诚度的高低确定薪酬支付的水平。

基于能力的宽带薪酬体系的优点如图 9-3 所示。

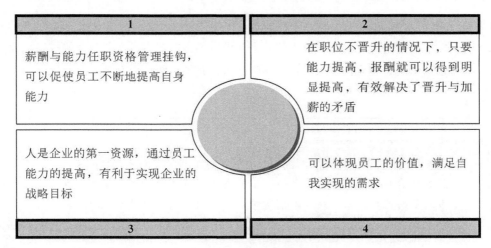

图 9-3　基于能力的宽带薪酬体系的优点

9.2.4　基于职位的宽带薪酬设计

基于职位的宽带薪酬是依据职位对组织与目标实现的贡献程度的大小及承担职位所需要的人的能力（知识、技能、经验等）和工作的特性（应负责任、解决问题的难度）确定薪酬支付水平。由工作评价的结果决定不同职务的工资差别。

1. 基于职位的宽带薪酬体系的特点

（1）基于职位确定人在企业中的地位和价值。

（2）人岗有效配置，建立基于职位价值的薪酬序列。

（3）因岗设人，以职位为核心确定人与企业、人与职位之间的关系。

（4）以职位所赋予的行政权力来处理上下级及企业成员之间的沟通和协调。

2. 基于职位的宽带薪酬体系的缺点

（1）职责过于明晰化，使员工明确自己应该对什么负责，对什么不负责，很难从事其他职位上的工作，加剧了企业缺乏灵活性和弹性的现象。

（2）不利于员工个人职业发展，专业人员工资已达到了最高点，要想获得薪酬增长，只有通过职位晋升，从而可能使员工走上不适合本人发展的职位，此外优秀的员工不见得是优秀的管理者。

（3）等级森严，决策链条增长，制约着员工知识技能的发挥与提高。

9.2.5　基于绩效的宽带薪酬设计

基于绩效的宽带薪酬体系是根据任职者在特定岗位上产生的业绩水平和价值大小确定薪酬水平的，包括与年度工作业绩、目标达成有关的中期奖金计划，与长期工作绩效、目标有关的长期激励计划（股权、奖金等）。

基于绩效的宽带薪酬体系的目的如下。

（1）通过绩效考核使员工不断提高工作质量。

（2）通过绩效指标的设定，使得员工朝着企业设定的方向努力，实现企业的战略目标。

（3）通过绩效管理，使得员工发现自己的问题所在并及时纠正，有利于企业的长期发展。

【微课堂】

　　A公司自2009年成立以来，经过几年的发展，已成为中国互联网行业里最具活力和成长性的企业之一。公司决定实行宽带薪酬管理制度和制定宽带薪酬的流程，请你结合本节所学内容，列出宽带薪酬制定的流程、内容要点和注意事项。

复习与思考

1. 宽带薪酬的定义是什么？
2. 请简述宽带薪酬的作用。
3. 请简述宽带薪酬设计的两个要素。
4. 基于职位的宽带薪酬体系方法是什么？
5. 请简述宽带薪酬产生的原因。

知识链接

宽带薪酬的主要模式

　　当前宽带薪酬的激励通常分为增量奖励、定量减扣和存量增值3种形式，具体如表9-1所示。

表 9-1　　宽带薪酬的 3 种模式

类型	评估方法	说　明	特　征
增量激励	OKR（目标与关键成果）	基本工资+业绩奖励或红利分享或团队激励再分配	（1）通过正激励带动员工的创造力 （2）激励的力度不大，分配的可确定性低 （3）强调分配的规则和公平性
定量减扣	KPI（关键绩效指标）	员工的工资是基本固定的，通过 KPI 和 BSC、MBO 设定绩效目标	（1）员工达不到既定的工作目标会被减薪 （2）员工对目标的认可度低，对减薪等负激励机制比较反感和抵触 （3）激励效果一般不太理想
存量增值	KSF（关键成功因素）	从员工原有的薪酬拿出较大的一部分与员工的绩效进行全面的融合，通过平衡点思维使员工与企业管理者形成利益共同体	（1）强化了利益的驱动，增大了激励的力度 （2）非常关注员工和企业管理者利益的平衡与共赢

技能实训

设计一份宽带薪酬体系设计方案的模板

　　宽带薪酬是企业整体人力资源管理体系中薪酬管理的方法之一，是对传统上带有大量等级层次的垂直型薪酬结构的一种改进或替代。请设计一份宽带薪酬体系设计方案的模板。

宽带薪酬体系设计方案

一、目的

　　为了促进公司内部岗位轮换，培养一专多能人才，同时减少实施宽带薪酬对公司现有薪酬体系的冲击，增加内部员工岗位轮换的机会，根据公司薪酬管理制度，特制定本方案。

二、公司现有薪酬体系

　　公司现有薪酬体系如表 9-2 所示。

表 9-2　　　　　　　　　　公司现有薪酬体系

岗位层级	等级	薪酬标准（元/月）	管理序列	技术序列	销售序列
高级	12	10 000	高级管理者	高级工程师	
	11	8 000			
	10	6 000			
中级	9	6 500	部门经理	工程师	资深销售顾问
	8	5 000			
	7	3 500			
初级	6	4 000	主管	助理工程师	销售顾问
	5	3 000			
	4	2 000			
入门级	3	2 500	专员	技术员	业务员
	2	2 000			
	1	1 500			

三、公司现有薪酬体系分析

目前本公司执行的薪酬体系由 3 个序列构成，每一个序列又分为 4 个等级，各个等级之间具有明显的界限。同时，各个序列之间由于存在明显的技术障碍和薪酬等级障碍，使得岗位轮换十分困难，比如，一名业务员想转行从事技术员的工作，其工资标准、工资等级都是非常现实的执行障碍。为了扫清这些障碍，加速员工在各个岗位之间的轮换，引入宽带薪酬体系是最好的选择。

四、确定宽带的数量并定酬

为解决以上问题，根据本公司的岗位特征，可以考虑设定 4 个宽带，分别为高级序列、中级序列、助理级序列和员工级序列。按照这一标准，可以将上表中的岗位进行分类并确定岗位薪酬范围，如表 9-3 所示。

表 9-3　　　　　　　　　　岗位分类表

宽带名称	宽带内岗位	薪酬标准范围（元/月）
高级序列	总经理、副总经理、高级工程师	6 000～10 000
中级序列	部门经理、工程师、资深销售顾问	3 500～6 500
助理级序列	主管、助理工程师、销售顾问	2 000～4 000
员工级序列	专员、技术员、业务员	1 500～2 500

五、确定宽带薪酬体系

根据各宽带所涵盖的岗位以及对应的岗位薪酬标准，可以绘制出宽带薪酬体系图（见图 9-4）。

图 9-4　宽带薪酬设计图

战略性薪酬体系的设计方法 | 第10章

【本章知识导图】

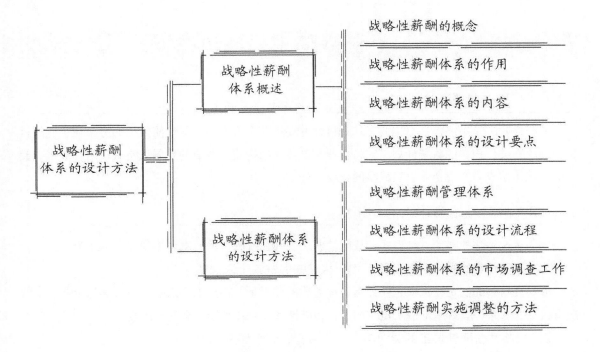

战略性薪酬体系的设计方法

- 战略性薪酬体系概述
  - 战略性薪酬的概念
  - 战略性薪酬体系的作用
  - 战略性薪酬体系的内容
  - 战略性薪酬体系的设计要点

- 战略性薪酬体系的设计方法
  - 战略性薪酬管理体系
  - 战略性薪酬体系的设计流程
  - 战略性薪酬体系的市场调查工作
  - 战略性薪酬实施调整的方法

【学习目标】

职业知识	● 了解战略性薪酬的概念、作用及内容 ● 了解战略性薪酬管理的概念、特征及基本流程 ● 明确战略性薪酬体系的设计要素、设计流程、市场调查的注意事项及调整的内容与意义
职业能力	● 灵活运用岗位评定法和职业分类法，进行战略性薪酬市场调查 ● 熟练掌握战略性薪酬的设计流程，提出注意事项
职业素质	具备优秀的文字和语言运用能、协调能力与分析能力

10.1 战略性薪酬体系概述

10.1.1 战略性薪酬的概念

战略性薪酬是指能提高员工的工作积极性并促进其个人发展，同时使员工的努力与企业的目标、理念和文化相符的薪酬计划。它将企业薪酬体系的构建与企业的发展战略有机结合起来，使企业薪酬体系成为实现企业发展战略的重要杠杆。

10.1.2 战略性薪酬体系的作用

作为企业薪酬战略的一种形式，战略性薪酬有其独特的作用，主要体现在以下几个方面。

1. 战略性薪酬提高了员工的工作积极性并促进其个人发展

战略性薪酬的制定在保证企业经营目标达成的前提下，将员工个人收入与发展与企业经营状况有机结合起来，有效地促进了员工的工作积极性和在企业长期发展的忠诚度。

2. 战略性薪酬使员工的努力与企业的目标、理念和文化相符

战略性薪酬将员工个人工作目标与企业经营目标有机结合起来，保证了个人的努力结果与企业经营目标的一致性。

3. 战略性薪酬满足了企业增强对外竞争力的需要

企业经营的外部环境的变化都将会引起企业生产经营管理的变化，企业要想在这些变化中求得生存与发展，就必须实施灵活的薪酬措施来适应外部的挑战，增强其竞争力。

4. 战略性薪酬适应了市场经济发展的需要

随着市场经济的不断发展，企业改革是适应市场经济发展的必然趋势，薪酬体系亦应该随之改革，而薪酬体系的改革是利益关系的重组，这也是员工最为重视的。

5. 战略性薪酬顺应了企业战略化管理的需要

企业的战略化管理需要科学的管理制度作为支撑，在这些制度建设的基础上形成科学的管理体制。其中，战略性薪酬管理是科学管理制度的重要组成部分。

10.1.3　战略性薪酬体系的内容

企业在经营发展过程中，根据本企业所处的不同发展阶段的特点，及采取的经营战略的特点，选择制定与本企业相适宜的战略性薪酬。

通常情况下，战略性薪酬的主要内容包括 5 个方面，如图 10-1 所示。

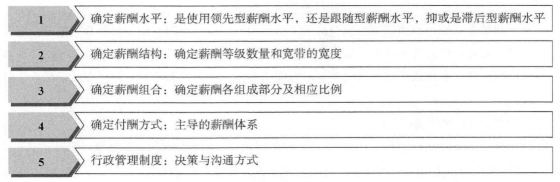

图 10-1　战略性薪酬的主要内容

10.1.4　战略性薪酬体系的设计要点

越来越多的企业强调薪酬体系的战略导向，战略性薪酬激励体系成为企业薪酬体系设计关注的主流。全面认识并设计战略性薪酬体系，是当前企业人力资源工作者的重要工作之一。下面从 7 个方面阐述了战略性薪酬的要点。

1. **整体薪酬的概念**

整体薪酬也称为全面薪酬，是指员工向其所在单位提供所需要的劳动而获得的各种形式的补偿，包括经济性薪酬和非经济性薪酬两大类。经济性薪酬分为直接经济性薪酬和间接经济性薪酬。

（1）所谓直接经济性薪酬，是指单位按照一定的标准以货币形式向员工支付的薪酬，这里面的关键词是"货币形式"，是员工可以直接支配的薪酬，主要包括工资、奖金、补贴、利润分享、股票分红等。

（2）所谓间接经济性薪酬，是指不直接以货币形式发放给员工的薪酬，但通常可以给员工带来生活上的便利，减少员工额外开支或者免除员工后顾之忧。间接经济性薪酬的核心关键词是"不直接以货币形式发放"，主要包括福利、教育培训、劳动保护、医疗保障、社会保险、离退休保障、带薪休假、旅游休假、职业指导等。

（3）非经济性薪酬是指无法用货币等手段来衡量，但会给员工带来心理愉悦效用的一些因素，主要包括 3 个层面：一是工作本身，二是工作环境，三是企业形象。具体内容如表 10-1 所示。

表 10-1 非经济性薪酬的因素

因 素 名 称	具 体 说 明
工作本身	工作本身主要包括工作有趣、愉快，工作具有挑战性、成就感，能发挥才华，有发展的机会和空间，有晋升和奖励的机会，有相当的社会地位、荣耀的头衔等
工作环境	工作环境主要包括能力强且公正的领导、合理的政策、融洽的工作氛围、志趣相投的同事、恰当的地位标志、舒适的工作条件、弹性的工作制、便利的交通和通信等
企业形象	企业形象主要包括社会效益好，企业有品牌，企业文化和价值观被社会认可，企业规模大，经济效益好，企业的产品受到社会认可，企业的产品和服务属于前沿等

从上述概念可知，整体薪酬系统包括员工的货币型工资、保障生活的各种福利措施，以及给员工带来心理愉悦的各种措施手段。明白了这一点，企业在设计战略性薪酬系统时的关注点会更加全面，员工在确认回报与付出关系时也能从多角度思考，避免双方只是在钱多钱少上打心理战。

2．战略性薪酬管理的目的

（1）吸引外部优秀人才进入企业。当前环境下，企业对人才的竞争非常激烈，如何建立一个对人才有足够吸引力的战略性薪酬系统是很多企业都面临的一个课题。

（2）激励为企业创造价值的核心员工。20/80 法则告诉我们，真正为企业创造价值的是 20% 的人，企业如何通过战略性薪酬系统激励这部分持续创造价值的员工是一个值得思考的问题。

（3）回报为公司做出贡献的员工。除了激励 20% 的核心人才之外，企业还需对为企业发展做出贡献的大部分员工给予合理的回报。

（4）要建立一个薪酬调整和支付的系统，实现薪酬动态调整，灵活机动，与企业战略目标与业务运行紧密关联。

3．战略性薪酬管理的四大趋势

（1）薪酬管理更强调外部竞争性，在薪酬体系变革时，注重外部薪酬数据调查分析。

（2）薪酬管理与企业战略及运营的关联更加密切，固定薪酬占比逐渐降低，浮动薪酬占比逐渐增加。

（3）薪酬管理强调宽带薪酬结构设计，薪酬结构的层级更少，幅度更大，为企业扁平化管理提供支持。宽带薪酬的幅度和企业所处阶段紧密关联，企业管理成熟度越高，宽幅越大；企业管理成熟度越低，宽幅越小。

（4）强调总体薪酬概念，既注重经济性薪酬，又注重非经济性薪酬。

4．战略性薪酬决策的 5 个方面

战略性薪酬决策要综合考虑薪酬决定的依据、企业的薪酬水平如何定位、各序列岗位的薪酬构成、薪酬的宽带等级与档级以及薪酬机制如何灵活高效，具体如表 10-2 所示。

表 10-2 战略性薪酬决策的 5 个方面

5 个方面	具 体 内 容
薪酬标准	按照什么依据来决定薪酬（岗位、能力、绩效、市场状况）
薪酬市场定位	与竞争对手或市场平均水平相比，如何定位我们的整体薪酬水平
薪酬构成方式	薪酬的各个组成部分及其比重是什么（固定和变动、短期和长期、内在和外在）

5 个方面	具 体 内 容
薪酬等级与幅度	薪酬等级的数量、不同等级之间的薪酬差距以及用来确定这种差距的标准是什么
薪酬制度管理	薪酬决策在多大程度上做到开放与透明，薪酬制度如何实现动态调整

5. 不同岗位薪酬确定影响要素不同

战略性薪酬设计从员工岗位价值、员工能力提高、员工绩效表现以及市场薪酬水平 4 个因素综合考虑不同岗位的薪酬激励模式。

（1）岗位价值。岗位价值是指一个岗位对企业的贡献程度大小，是排除此岗位在职员工的能力、素质影响之外的岗位本身价值。

（2）能力价值。由于任职人的能力不同，相同的岗位所体现出的价值也有差异，这一部分价值差异被称为能力价值，有时也叫作胜任力价值。

（3）绩效价值。不同的任职人或者同一个任职人在不同时期的业绩表现有差异，这一部分价值被称为绩效价值。

（4）市场价值。由于部分人才的市场供给与需求会出现不均衡，从而产生该岗位的相对价值过高，这一部分超高的价值被称为市场价值，也就是薪酬的外部竞争力因素。

企业在设计战略性薪酬管理系统时，需要结合不同岗位的特点设置不同的激励项目，确保薪酬结构适合岗位特点，并能有效激励该岗位做出符合公司目标的贡献。

6. 战略性薪酬与战略目标密切关联，需要各级员工的积极参与

战略性薪酬管理体系是企业运营管理系统的有机组成部分，需要从总经理到基层员工各个层级的积极参与。同时，战略性薪酬管理一定要与企业的运营管理系统密切关联，通过目标设定薪酬激励要素，通过薪酬兑现激励员工追求高目标。

（1）高层管理者。理解薪酬管理体系将会给企业运营带来的价值，明确定义企业成功所需的目标和行为；支持薪酬和绩效管理流程及培训活动，确保薪酬能支持战略目标；积极公开地支持，并用实例引导，衡量并确保薪酬体系支持战略目标。

（2）部门经理或主管。对实现业务目标所需的行为和计划有清晰的理解；在与员工进行有关业绩和职业的讨论中清晰地阐述和沟通；定期与员工进行业绩讨论，解释实现业务和个人目标所需的计划行为和能力。

（3）人力资源薪酬主管。理解自己在推动薪酬管理体系运行中的角色；为利益相关方（高层管理者、经理、员工）提供培训和支持，以促进所需的变化；进行培训和宣导，向员工强化他们达到结果需做的努力，对企业的动态保持实时的了解。

（4）员工。理解自己的角色以及自己的贡献对结果会有何影响；相信其重要性，致力于实现自己的业绩目标；采取行动，实现个人目标，以支持公司的战略目标。

7. 对岗位进行分类，划分岗位序列

由于不同类别的岗位价值贡献不同，激励要素也有很大的差异，因此，企业需要对岗位进行分类。岗位分类标准可以依据以下原则进行。

（1）管理岗位。对企业经营与管理系统的高效运行和各项经营管理决策的正确性负直接责任，如总经理、常务副总经理、部门经理、中心主任、办公室主任、部门副经理、车间主任、仓库主管等。

（2）专业岗位。对为行政管理系统提供专业管理资讯与参谋及管理服务的质量负直接责任，如成本会计、税务会计、绩效薪酬专员、经营计划员等。

（3）技术岗位。对企业产品和技术在行业中的先进性负直接责任，如技术员、工程师等。

（4）市场岗位。对产品的品牌及市场占有率负直接责任，需要面对客户的岗位，如业务经理、大区经理、市场经理等。

（5）操作岗位。生产一线的操作岗位。

（6）辅助岗位。与企业经营管理相关度较小的岗位，如保洁员、保安、厨师等。

根据不同企业的特点和薪酬设计的需要，岗位分类可进一步细化，例如，管理岗位可以分为高层管理岗位和中层管理岗位，市场岗位可以分为市场一线岗位和市场支持岗位等。

【微课堂】

> 某公司经调研，发现公司岗位工资体系设计不合理，重学历、工龄，忽视岗位评价；且绩效工资体系设计不科学，员工积极性和创造性不高；津贴奖金福利设计不完善，员工满意度低。为了解决该问题，人力资源部决定采用战略性薪酬体系。请结合本节内容设计战略性薪酬。

10.2 战略性薪酬体系的设计方法

10.2.1 战略性薪酬管理体系

战略性薪酬管理是由米尔科维奇（Milkovich）在1988年提出的，是指企业在做薪酬决策时对运营环境中的机会与威胁，做出及时而适当的反应，并能配合或支持企业全局的、长远的发展目标。

战略性薪酬管理是对企业绩效具有关键性作用的薪酬决策模式，只要是对企业绩效产生重大影响的薪酬决策，都是具有战略性的决策，但战略性薪酬管理并不等于战略性薪酬决策，战略性薪酬管理的核心是薪酬战略。

战略性薪酬管理是以企业发展战略为依据，根据企业在某一发展阶段内外部环境变化状况，正确选择适合本企业发展的薪酬策略、系统设计并实施管理，使之促进企业战略目标实现的活动。

1. 战略性薪酬管理的特征

战略性薪酬管理的特征主要体现在 3 点，如图 10-2 所示。

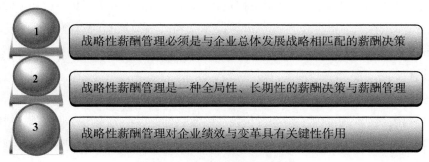

1 战略性薪酬管理必须是与企业总体发展战略相匹配的薪酬决策

2 战略性薪酬管理是一种全局性、长期性的薪酬决策与薪酬管理

3 战略性薪酬管理对企业绩效与变革具有关键性作用

图 10-2 战略性薪酬管理的特征

2. 建立战略性薪酬管理体系的基本流程

建立战略性薪酬管理体系应遵循以下 4 个基本流程。

（1）对企业面临的内外部环境以及对薪酬的影响进行全面分析。企业的薪酬管理以企业的战略目标和经营目标为导向，而企业的战略目标和经营目标以及薪酬本身都会受某些因素的影响。这些因素包括当时的社会、政治和经济体制，全球经济的竞争压力，企业文化和价值观，员工需求，工会的压力等。因此，企业必须首先全面、准确地了解、分析自己所处的经营环境，然后再确定在这种经济和社会环境下取得竞争优势必须采取的薪酬方案。

（2）制定与企业战略和经营环境相匹配的战略性薪酬。战略性薪酬决策的内容包括薪酬体系决策、薪酬水平决策、薪酬结构决策、薪酬管理过程决策等。薪酬决策的核心是使企业的薪酬系统有助于企业战略目标的实现，具备外部竞争性以及内部一致性，合理认可员工的贡献以及提高薪酬管理过程的有效性。由于不同类型的薪酬决策支持不同的企业战略，因此企业必须根据企业的经营环境和既定战略做出合理的薪酬决策。

（3）将薪酬战略转化为薪酬实践。薪酬战略实际上是企业在做薪酬设计时所坚持的一种导向或原则。因此，企业下一步要做的是将这些原则用一定的薪酬系统或薪酬组合体现出来，或者运用一定的技术来实现企业的战略导向要求。这一步骤实际上是从理念和原则到操作层面的跳跃，一种好的薪酬战略能否不折不扣地贯彻执行，薪酬技术的选择、薪酬系统的设计以及其执行过程是至关重要的。

（4）评估薪酬系统的适用性。薪酬体系设计完毕后，在执行过程中必须不断地对其进行检验、调试、评估，以确保薪酬体系与变化了的经营环境和战略目标相一致。因此，阶段性地对企业薪酬体系进行匹配性和适应性评估是十分必要的。

10.2.2 战略性薪酬体系的设计流程

进行战略性薪酬体系设计要经过以下几个实施步骤。

1. 寻找企业发展战略瓶颈

战略性薪酬设计的第一步就是要找到企业发展的战略瓶颈之所在。发现企业的战略瓶颈有许多方法，其中，成功关键因素分析法和标杆分析法是十分得力的分析工具。成功关键因素分析法（Key Success Factors）是指企业在特定市场持续获利所必须拥有的资源和能力。标杆分析法（Benchmarking）是目前应用很多的一种衡量企业运营状况的方法，通过与行业中运营最好、最有效率的企业进行比较，从而获得需要改进的信息。

2. 分析相应的人力资源瓶颈

当找到公司发展战略瓶颈后，就要分析该战略瓶颈部门存在的人力资源瓶颈。战略瓶颈部门存在的人力资源瓶颈通常表现为数量不足、质量不高、配置不当、缺乏激励等各种现象中的一种或几种的组合。

3. 制定相应的战略性薪酬体系

战略性薪酬设计的要点在于，薪酬要向企业的瓶颈部门和核心人力资源倾斜，企业可以为其战略性人力资源建立"薪酬特区"，以便吸纳、滞留与激励战略性人力资源，进而为突破企业发展战略瓶颈提供人才保障。

4. 制定战略性薪酬调整政策

不断分析企业发展瓶颈及其带来的人力资源瓶颈，并前瞻性地制定战略性薪酬调整政策。

前3个步骤已经构成了一个相对完整的战略性薪酬的实施过程，随着企业面临的市场环境复杂多变，内部组织也在不断调整之中，因此企业的战略瓶颈也是不断变化的。所以，企业应前瞻性地分析企业的战略瓶颈及其人力资源瓶颈，并制定具有前瞻性的战略性薪酬政策。

10.2.3 战略性薪酬体系的市场调查工作

为保证战略性薪酬制定的有效性，企业在进行战略性薪酬市场调查时应明确以下事项。

首先，明确薪酬调查的目的。薪酬调查的目的包括调整薪酬水平和调整薪酬结构，以及了解其他企业薪酬管理的最新发展趋势。

其次，制定薪酬调查的计划表。薪酬调查的计划表的内容包括确定薪酬调查的内容、时间、对象，实施调查，调查资料的整理与统计。

最后，确定薪酬调查的方法。薪酬调查的方法包括岗位评定法和职业分类法等。

10.2.4 战略性薪酬实施调整的方法

实践证明，战略性薪酬在吸纳、滞留和激励企业战略性人力资源方面具有突出的功效，能够很好地为实现企业的发展战略服务，但它却是一把"双刃剑"，如果运用不当，会带来极大的负面影响。

因此，在实施战略性薪酬体系时，企业应注意保持战略性薪酬体系设计的动态性，薪酬倾斜"隐性"处理因薪酬差距较大给企业带来的公平性损害问题，依据企业战略调整合理选择战略性薪酬体系的调整时机。

战略性薪酬管理是现代人力资源开发管理体系的重要组成部分，必须与其他人力资源工作紧密联系，形成一个有机体。

1. 战略性薪酬调整的内容

企业的薪酬政策服务于企业的战略发展，因此，为保证战略性薪酬服务的有效性，应对战略性薪酬及时做出调整。

（1）战略性薪酬体系调整。企业战略管理本质上就是一种动态管理，因而，为企业战略服务的战略性薪酬必然具有动态性。通常采用的方法是，根据企业生命周期来调整战略性薪酬体系。

企业的生命周期包括萌芽、成长、成熟、衰退直至灭亡或转型。处于生命周期不同阶段的企业具有不同的发展战略瓶颈与核心人力资源，因此需要不同的薪酬系统来适应其战略发展。

（2）战略性薪酬体系的调整时机。企业发展要有一定的前瞻性，战略性薪酬体系的调整亦应该选择合理的时机，前瞻性地调整。薪酬政策不仅向当前企业发展的核心部门和人员倾斜，还须前瞻性地向即将成为企业发展瓶颈的部门和核心人员倾斜。

合理的时机不仅可以使战略性薪酬的调整具有缓冲性，不至于明显打破企业内部的薪酬平衡，而且可以向员工和应聘人员显示有关该前瞻性瓶颈部门和关键岗位之重要性的信息，提高该部门和岗位的吸引力。

2. 战略性薪酬实施调整的意义

从企业战略层面研究并实施薪酬管理，有利于正确把握建立健全薪酬管理体系的实施方向，充实体系的内容，提高体系的效能，增强体系的适应能力。与此同时，薪酬体系的不断改进完善，能更好地发挥薪酬体系对企业战略目标的支持作用。因此，战略性薪酬的实施调整有其存在的重要意义，主要体现在以下 3 点。

（1）实施战略性薪酬管理是应对企业外部环境变化的需要。市场需求的变化、竞争对手的变化、资源供应的变化、相关宏观政策的调整，都将引起企业生产经营管理的变化，从而给企业薪酬策略和整体薪酬管理带来重大影响，为此，需要及时调整薪酬管理策略，以适应外部环境变化。

（2）实施战略性薪酬管理是适应深化企业改革的需要。企业改革已经进入攻坚阶段，改革是深层次的、根本性的。改革主要强调资源、资产、债务、股权、业务、机构、人员、利益关系 8 个方面的重新组合。其中，利益关系的重组要与前 7 个重新组合相匹配。所谓利益关系的重组，就是企业整体分配关系的调整，薪酬体系及其他分配制度的重建。

（3）实施战略性薪酬管理是加强科学管理的需要。企业使命和愿景决定企业的发展战略，制度建设对企业发展战略起到巨大的支撑作用，而战略性薪酬管理是科学管理制度的有机组成部分。

【微课堂】

　　A 公司打算采用战略薪酬来吸引人才，提高在行业中的竞争地位。请你结合本节所学内容，列出战略薪酬设计的具体步骤，并说明其内容要点和注意事项。

复习与思考

1. 企业设计战略性薪酬的主要目的是什么？
2. 战略性薪酬管理的核心是什么？
3. 战略性薪酬管理的特征主要体现在哪些方面？
4. 战略性薪酬管理的实施调整有何重要意义？

知识链接

企业不同发展阶段薪酬策略的选择

　　企业在不同的发展阶段应推行不同的企业经营战略，同时，设计与各发展阶段相适应的薪酬计划，具体如表 10-3 所示。

表 10-3　　　　　　　　　　企业发展阶段与薪酬策略

企业发展阶段	企业经营战略	薪酬策略	薪酬组合
迅速发展阶段	以投资促进发展	以业绩工资为主，刺激创业	高额基本薪资，中、高等奖金与津贴，中等的福利水平
有序发展至成熟阶段	保持利润与保护市场	薪酬管理技巧	平均基本薪资，较高比例的津贴，中等的福利水平
无发展或衰退阶段	取得利润并向别处投资	注重成本控制	较低的基本薪资，与成本控制相结合的奖金，标准的福利水平

技能实训

设计一份战略性薪酬调研计划表的模板

薪酬调研是为了掌握薪酬行业市场发展变化的规律和趋势，为企业进行薪酬行业市场预测和决策提供可靠的数据和资料，从而帮助企业确立正确的发展战略。请设计一份战略性薪酬调研计划表的模板。

第11章 薪酬调整、薪酬谈判与国际化薪酬管理

【本章知识导图】

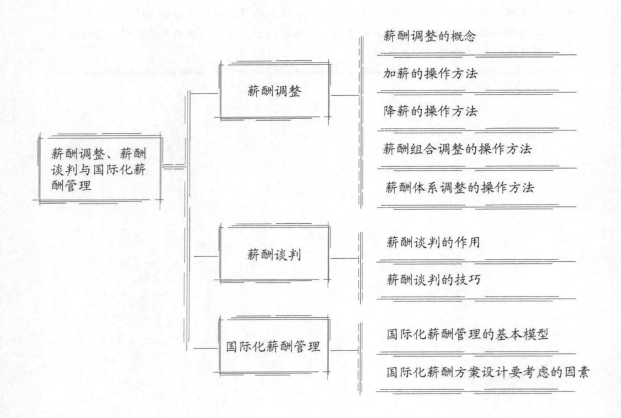

【学习目标】

职业知识	● 了解薪酬调整与薪酬谈判的概念 ● 了解国际化薪酬方案设计要考虑的因素 ● 明确加薪、降薪、薪酬组合调整等操作方法 ● 明确薪酬谈判的作用和技巧
职业能力	● 灵活运用各类薪酬调整的操作方法，制定合理的薪酬调整措施 ● 灵活运用各种薪酬谈判技巧
职业素质	具备优秀的沟通能力、协调能力、分析能力与谈判能力

11.1 薪酬调整

11.1.1 薪酬调整的概念

企业薪酬调整是指为促进企业薪酬管理而进行的薪酬体系调整，通常包括薪酬结构调整、薪酬水平调整、薪酬组合调整 3 种类型，如表 11-1 所示。

表 11-1　　　　　　　　　　　　　薪酬调整的 3 种类型

3 种类型	具 体 内 容
薪酬结构调整	薪酬结构调整包括纵向结构调整（如薪酬等级调整）和横向结构调整（如薪酬组成要素调整），企业内部薪酬结构调整主要从薪酬标准和薪酬等级两个方面着手进行
薪酬水平调整	薪酬水平调整是指薪酬结构、等级、构成要素等保持不变，只调整薪酬结构上某一等级或某一组成要素的薪酬数额。薪酬水平调整的影响因素包括行业水平、员工绩效、个人能力、工作职位、员工工龄。薪酬水平调整的类型包括奖励性调整、社会性调整、效益性调整、工龄性调整
薪酬组合调整	薪酬组合调整是指对薪酬组成的各个要素进行调整

企业薪酬调整应遵循的原则如表 11-2 所示。

表 11-2　　　　　　　　　　　　　企业薪酬调整应遵循的原则

遵循的原则	具 体 内 容
经济性原则	提高企业薪酬水平虽然可以提高对外竞争力，但同时也增加了企业人力资源成本，因此在薪酬调整时应考虑企业的承受能力
对外竞争性原则	在确保企业财务承受能力的前提下，提高企业薪酬水平的同时提高企业的对外竞争力，进而实现企业吸引并留住优秀人才的目的
对内公平性原则	薪酬调整过程中既要考虑到各职位之间的差异性，确保薪酬的激励性，同时又要考虑到各职位薪酬水平的公平性

11.1.2 加薪的操作方法

在日常经营管理中，随着企业经营发展的不断变化，企业原有的薪酬体系已不再继续适用于日常薪酬管理，经常会因各种原因出现薪资调整。加薪是薪资调整的一种形式，企业如果加薪操作不当，可能造成内部新的不平衡，达不到预期激励效果。

1. 加薪类型

（1）定期加薪。

① 加薪时间：规定每年的某一个日期，或者一个周期进行加薪。

② 加薪幅度：根据企业经营效益的结果，确定加薪总额，各个职位的

加薪的操作方法

加薪幅度根据绩效考核的成绩来确定。

（2）临时加薪。

① 取得了新的学历。

② 员工晋升到更高一个等级的职位。

③ 符合劳动协议规定的奖励，被认为应该加薪。

（3）技能加薪。员工取得相关技术职称或工作能力达到某种技术水平时加薪。

2. 加薪的步骤与方法

（1）确定加薪总额

确定加薪总额即确定企业此次加薪的成本上限，这样也就兼顾到加薪效果与企业成本控制之间的平衡。如果直接从确定员工个体加薪额度开始，很容易由于无总额上限控制而使企业付出过高的加薪成本。

确定加薪总额实际上具有重新核定企业薪酬总额的性质。通常的做法是，根据薪酬总额占企业总销售额或者企业净产值的一定比例核定（前者称为薪酬总额比率，后者称为劳动分配率）。

根据企业历年指标情况、行业一般水平以及本年度销售额等指标，可以核算出加薪上限。由此可见，加薪总额确定必须与企业下年度经营预算结合起来，脱离了经营预算，加薪就成了为加薪而加薪。

（2）由人力资源部将加薪总额初步分解到各个部门

首先，人力资源部应当将各部门各岗位员工现收入与企业市场定位进行比较，计算薪酬比较率（Comparative Rate），具体方法是将员工现薪酬与其岗位市场薪酬中值相除，该值如果大于1，表明企业薪酬高于市场平均水平，反之则低于市场平均水平。

其次，根据各员工的薪酬比较率以及企业对不同类别岗位的市场目标定位，确定两者之间的差额，这样人力资源部就可以进一步计算出如果要弥补该差距各部门所需的最大加薪额度。很显然，岗位对于企业价值越大、稀缺程度越高，则需要越强的薪酬竞争力，定位就应当瞄准75分位、90分位。

最后，应当根据各部门实际情况进行调整。在加薪总额上限的前提下，各部门不可能完全按照目标市场比定位确定加薪额度。因此必须对各个岗位的加薪额度进行调整，调整的依据就是员工绩效，员工绩效水平越高，则加薪比例越大。此外，还应当考虑到个别员工的情绪和离职倾向，尤其是企业核心岗位骨干员工，加薪必然要向这些岗位和人员倾斜。

通过考虑以上因素，人力资源部就可以通过初步测算将加薪总额分解下去。

（3）部门确定加薪计划

企业高层和人力资源部应当召开各部门经理会议，将公司加薪额度及其原则与各部门负责人

进行深入沟通。接下来，由各部门负责人按照部门加薪总额限定确定部门员工加薪数额，即给谁加薪、加多少的问题。

首先，各部门负责人应当通过各种途径掌握员工期望，因为激励效果很大程度上取决于期望是否得到满足。

其次，各部门负责人应当在人力资源部指导下了解各个岗位的薪酬比较率，从而准确掌握目前部门各岗位实际的薪酬水平状况。

最后，部门负责人综合员工绩效、能力确定员工加薪方案。如果企业实施了能力评价，则可以将能力评价结果引入进来，对部门员工进行横向比较，照顾到不同员工之间的平衡。

一般来说，除了各岗位员工加薪数额之外，该部门负责人还应当简要说明理由。

（4）确定员工加薪数额

部门负责人将部门员工加薪计划上报人力资源部，人力资源部可综合上述各因素进行综合审核，主要包括部门加薪总额、薪酬比较率、员工绩效水平及能力等，重点审核加薪数额是否控制在总范围内，关键岗位员工薪酬水平是否达到了目标水平等。如果有调整，人力资源部还应当与该部门负责人进行再次沟通、调整、确认。

（5）加薪面谈。因为加薪时是与员工进行深入沟通的好机会，毕竟加薪是对员工最实质性的承认，所以应当结合加薪对员工能力提高、绩效改善、下年度目标计划等提出明确要求。这些都需要部门负责人与员工进行面谈时解决。但应当注意，加薪面谈必须是一对一面谈。

（6）关注没有加薪或对加薪不满的员工

对于那些没有加薪或者对加薪不满意，可能会产生失落感、表达消极情绪的员工，企业也应当进行后续关注。应当特别针对那些关键员工，由企业高层对其进行谈话。如果员工不愿意直接当面表达不满，则可以通过各种方式向人力资源部提出咨询问题或意见。

（7）建立正常加薪机制

企业应当结合外部市场工资变动，以及内部员工绩效、能力提高、职业发展计划建立起正常加薪机制。也就是说，让员工看到可以预见的未来，明确的规则将对员工建立合理预期产生积极作用。这一点往往是很多企业所忽视的。

3．加薪的注意事项

（1）给员工一个可以期许的未来。加薪是重要的，但是企业为员工提供一个事业发展平台更为重要，事业是能够吸引和团结员工发展的平台。员工在企业的工作是一种价值投资概念。此外，企业的经营团队要向其他员工传递一种理念，使其真正感受到企业持续发展的前景。

（2）密薪制是次优决策。密薪制已广泛被企业采用，认为这样可以减弱薪酬对比带来的激励效果，这种说法有一定的道理，但是在加薪管理中密薪制是一种次优的决策。

（3）做好接班人计划。接班人计划是企业人力资源管理中的重要环节。接班人计划执行的好坏决定了企业人才可替代性的强弱。员工可替代性一方面取决于劳动力市场供应情况，另一方面取决于企业内部接班人情况。企业存在可接班人的情况也在一定程度上决定了企业加薪政策实施的难易程度。

因此，企业做好接班人计划，特别是企业关键岗位的接班人计划，不仅让员工本人看到发展前景和希望，同时也保证了企业人才的安全性。

4．加薪后的管理

（1）加薪后的薪酬支付。正式确认已被加薪且办理相关手续后的员工，其薪酬变动情况将在员工本月的工资单中得到反映。

（2）加薪的管理遵循客观公正的原则。该原则主要表现在，对每个员工的考察都必须实事求是，不得根据主观臆断或者个人好恶做出决定。

11.1.3 降薪的操作方法

企业在出现经济危机或者经营状况不佳的情况下，为了控制人工成本，维持企业正常运营，通常会采用一定的策略对员工实施降薪操作。

1．企业降薪的原则

（1）新人新办法，老人老办法。

（2）维持收入不变，同时加大责任。

（3）维持收入不变，在一定时期内不增加。

（4）硬性调整时，承诺恢复条件，不要"一刀切"。

通常情况下，人力资源部会根据企业情况重新做一套薪酬体系、绩效管理方法，然后与核心员工及骨干员工进行面谈，了解他们的想法后，在薪酬等级设置上以及绩效考核方面进行平衡，主要思路是降低固定薪金，增大激励部分。

2．企业降薪过程中的注意事项

企业降薪过程需要注意的4大事项如图11-1所示。

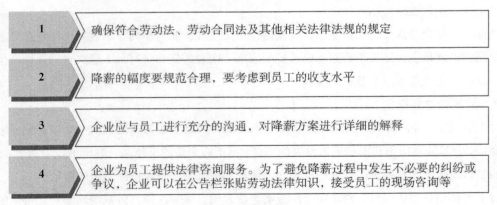

图 11-1　降薪的注意事项

企业降薪分为普降与个降，普降是指企业全员的降薪操作，个降是指针对个别部门、个别员工的降薪操作。这两种方式的降薪有较大不同，操作程序也不一致。

3．降薪的方式

明确以上降薪原则及注意事项后，在进行降薪操作时可采取以下几种方式，企业应根据自身情况进行有针对性的选择。

（1）从浮动工资上降薪。企业的薪酬体系构成是"固定工资+绩效薪酬或奖金或福利"的薪酬结构时，由于这种薪酬体系操作比较灵活，配合以完善的绩效管理制度，降薪操作比较方便。

浮动部分绩效奖金、季度考核奖金、年终奖金、特别奖金、福利等这些项目根据企业经营效益和个人绩效进行考核取消或部分降低，比较灵活方便，容易让人接受。这种降薪方式无须事先告知降薪员工，属于企业经营自主权范围，视为劳动合同的正常履行而不是变更。因此，无须与员工事先进行协商，也无须签订劳动合同变更协议，这种薪酬体系下的降薪操作阻力最小，程序最简单，而且不违反劳动合同法的规定。

当然，企业在做绩效面谈时也要做好员工的思想沟通工作，告知问题所在，防止引起不必要的人才流失和劳动争议。

（2）调整薪资结构式的降薪操作。相对来说，绩效工资制在操作上存在一定的灵活性，针对这个优点，企业可考虑在维持各岗位工资标准整体不变的情况下，在原有的薪资结构上增加浮动工资或加大浮动工资比例，浮动部分与企业和个人的业绩考核关联起来。

浮动工资部分最好采取长期兑现机制，比如年度绩效奖金、年终奖、年度分红等，以降低企业每月支付固定工资时带来的财务压力。

（3）固定月薪制薪酬体系下的轮休安排。这种薪酬体系是指企业实行固定月薪制，每月工资仅与员工考勤相关联，没有绩效工资或奖金、福利等项目。这种薪酬管理制度比较僵化，不利于劳动力成本的灵活控制，但这种情况下企业可以根据生产任务的紧迫程度施行。

在生产任务不紧张的情况下，鼓励部分员工轮流休假，休假期间可视具体情况在劳动法允许的前提下，给予员工一定的经济补偿或其他条件，即便工资没有降低，可能在其他方面的损耗也会有一定的控制。

（4）硬性降薪，承诺兑现条件。对于某些实施固定工资制的企业，必须要对员工采取降薪措施时，企业在降薪前应积极与员工做思想沟通，让员工明晰企业当前面临的形势，获得员工的理解和支持。当企业效益好转后再实施一定的补偿办法。

（5）控制加班费和福利项目。"固定工资+加班费"薪酬体系下的降薪操作主要适用于普通生产工人，一般以最低工资为底薪，其余为加班费，这种薪酬体系降薪操作方式基本无操作空间，只有通过以下 3 种方式达到减少人工成本的目的。

① 调整加班时间。双休日及法定节假日加班费成本较平时工作日要高得多。因此，企业应控制加班时间和加班时长，尤其是双休日及法定节假日期间的加班，必须加班的尽量安排在平时工作日。

② 调整加班人员。企业为完成生产需求必须要加班时，应有选择性地安排加班人员，加班人员应有良好的职业道德素养，能高效率、保质保量地完成企业交办的任务。

③ 扣除食宿费。对于给员工免费提供食宿的企业，需要与员工进行协商，声明企业目前面临的形势、困难等，暂时扣除食宿费，并承诺之后兑现或补偿的方式、标准等。属于合同变更的应与员工签订劳动合同变更协议，在协议中明确协商内容。

（6）调岗调薪。对于个别需要降薪的员工，企业可采取调岗调薪的方式给予降薪操作。企业给某位员工降薪肯定有一定的原因，但在调岗调薪前应充分与员工沟通，让其明白企业当前的困境及新岗位的发展优势，以员工较能接受的谈判方式让其接受调岗调薪的事实。

（7）新人新办法。降薪期间难免会有员工流失现象，企业再招聘新员工时，对于新招录的员工，则可以在面试时按新的标准说明，并在录用通知书或入职登记表中约定相关标准，让员工签字确认。

11.1.4　薪酬组合调整的操作方法

在薪酬的组成要素中，不同的要素有着不同的功能，薪酬的固定组成部分如基本薪酬和福利工资，主要是企业为了适应外部劳动力市场变化而设定的项目。薪酬的浮动组成部分如绩效工资、奖金等形式，主要是企业内部为了刺激业绩增长和有效控制人力成本而设置的项目。薪酬组合调整的关键点是薪酬组成要素的增减。

薪酬组合要素调整的两种主要方式及通常使用的方法如表 11-3 所示。

表 11-3　　　　　　　　　薪酬组合要素调整的主要方式及使用方法

薪酬组合要素调整的两种主要方式	薪酬组合要素调整通常使用的方法
（1）薪酬水平不变，固定部分与浮动部分组成比例发生变动	（1）增加薪酬浮动部分如奖金、绩效的比例，以加大不同绩效水平员工之间的差距
（2）薪酬水平变化，固定部分或者浮动部分增加工资额度	（2）将以工作量为基础的付薪方式向以绩效和技能为基础的付薪方式转变，以增加员工技能和员工个人绩效

11.1.5　薪酬体系调整的操作方法

企业薪酬体系调整主要包括薪酬水平的调整、薪酬结构的调整、薪酬构成要素的调整三部分。

1．薪酬水平的调整

薪酬水平的调整是指薪酬结构、等级要素、构成要素等不变，调整薪酬结构上每一等级或每一要素的数额。

企业总体薪酬水平的主要作用是处理与外部市场的关系，实现一种能够保持外部竞争力的薪酬水平。为了贯彻新的薪酬政策而进行的薪酬调整，反映了企业决策层是否将薪酬作为与外部竞争和内部激励的一个有效手段。因此，在薪酬水平的调整中，除了贯彻薪酬调整指导思想之外，还要处理好选择调整战略和新政策的关系。

2．薪酬结构的调整

薪酬结构的调整包括纵向结构和横向结构两个领域。纵向结构是指薪酬的等级结构，横向结构是指各薪酬要素的组合。纵向等级结构常用的调整方法包括增加薪酬等级、减少薪酬等级、调整不同等级的人员规模和薪酬比例。

3．薪酬构成要素的调整

横向薪酬结构调整的重点是考虑是否增加新的薪酬要素。在薪酬构成中，不同的薪酬要素分别起着不同的作用，其中，基本薪酬和福利薪酬主要承担适应劳动力市场的外部竞争力的功能，而浮动薪酬则主要通过薪酬内部的一致性达到降低成本与刺激业绩的目的。

薪酬要素结构的调整有两种方式：第一种，在薪酬水平不变的情况下，重新配置固定薪酬与浮动薪酬之间的比例；第二种，通过薪酬水平变动的机会，增加某一部分薪酬的比例。相比之下，后一种方式比较灵活，引起的波动也小。

员工薪酬要素结构的调整需要与企业薪酬管理制度和模式改革结合在一起，使薪酬要素结构调整符合新模式的需要。

【微课堂】

> A 公司是一家专门从事展览展示工程、国内外展厅、科技馆、博物馆等工程的设计与施工，国内各种商业环境陈列展示等专业服务一体化公司。公司现在需要对试用期结束的员工进行调薪，请你参照本节内容，设计一份新员工的调薪表。

11.2 薪酬谈判

11.2.1 薪酬谈判的作用

薪酬谈判是企业劳动关系双方就共同关心的薪酬问题互相磋商，交换意见，寻求解决的途径和达成一致协议的沟通过程。

在市场经济条件下，企业是独立的经济实体，在遵守国家法律法规的前提下，享有充分的薪酬分配自主权。但是，企业薪酬分配自主权并不意味着由企业单方面决定员工的薪酬分配标准，而应由劳动关系双方本着平等互利的原则来协商确定。薪酬谈判的过程实际上是员工（或工会）和企业一系列建议和反建议交锋的过程。

薪酬谈判在企业薪酬管理中有着独特的作用，总结如下。

1. 有利于维护劳动关系双方的共同利益

薪酬作为劳动力价格，是由市场上劳动力的供给和需求相互作用决定的。薪酬既是产品中所包含的人工成本，又是劳动者收入的主要来源，因此，劳动关系双方必然会对薪酬标准问题做出不同的判断，提出不同的要求。

这种利益分割上的矛盾，是在劳动关系双方相互依赖的前提下存在的，在满足劳动关系双方共同利益的前提下达成一致意见。

2. 是劳动法律制度建设和实施的关键

劳动关系双方的劳动关系是通过签订劳动合同确立的，劳动合同的履行受劳动法律的保护与调节。只有企业和劳动者均有了相应的保障，才能实现劳动关系双方各司其职。

薪酬标准是劳动合同内容中最重要的一部分。只有劳动关系双方平等协商，达成一致意见，劳动合同的签订才有法律意义。

3. 是完善、缓和双方劳动关系的有力保障

使最敏感的薪酬问题的分配公开化，平等协商，将条件、要求、分配形式和分配数额放在明处，能增强劳动关系双方的互相了解和沟通，避免劳动争议的发生。

薪酬管理实现了集思广益，使分配制度更合理、更完善，在源头上避免了矛盾和争议的发生。经过协商后形成的薪酬分配方案具有法律效应，双方依法履行义务和享有权利，一旦发生争议，也能依法妥善调解。

4. 有利于激励员工更加努力地工作

让员工参与薪酬分配制度的设计和改革，知道自己的收入与个人对企业的价值以及企业的经济效益紧密联系在一起，从而赢得员工对企业的支持和理解，并能使员工鼓励自己不断努力工作，提高劳动生产率。

11.2.2 薪酬谈判的技巧

薪酬谈判作为企业薪酬分配的一种形式，一直备受劳动关系双方的关注，在薪酬谈判过程中也有一定的技巧可行，通常表现为以下 8 个方面。

1. 循循善诱

单靠语言说服企业领导加薪是一件非常困难的事，因此必须有充足的理由才能开口，而且要让领导认为加薪是一件非常划算的事。所以，在谈判的过程中，不仅要拿出有力的业绩和成果数据，还要掌握谈判技巧——要"诱"而不能"逼"。

2. 期望实际

研究表明，在谈判中，一个人的期望值与他所得到的结果有着非常密切的关系。注意，对企业领导而言，期望值应该是符合实际的。

3. 态度正确

应该让企业领导知晓员工将接受和理解他的看法，同时，员工也会期望企业领导对其想法持同样的态度。事实上也只有这样，谈判才会有一个理想的结果。所以在薪酬谈判中，一定要避免最后通牒、威胁性以及其他带有强迫性的言辞。

4. 明确自己的利益

待遇并不仅意味着薪水。在薪酬谈判中要明确在其他方面的待遇，如利润提成、股票期权等，除此之外，较快的晋升许诺、较长的年假、弹性工作时间等都应被视为待遇的一部分。

5. 估算企业利益

与员工一样，企业也关心自己的利益。要说服企业加薪，应该有充分的理由，也就是说，员工的利益增长应该与企业的利益增长相一致。

6. 集体讨论

不妨与其他同事集体商议，以找出适合每一个人的谈判方案——先产生几个可能的备选方案，然后再从中选出最合适的。

7. 备选方案

万一某一员工无法说服企业加薪，他就需要准备一个"b 计划"来达到目的。准备一个详细的行动方案以备不时之需是一个不错的主意。

8. 善于学习

增强谈判技巧的唯一方式是从自身的经历中学习。因此在谈判结束后，回想一下在谈判中自己哪方面做得好，哪方面还有不足，不断积累经验，在下一次谈判中才会做得更好。

【微课堂】

面试的最后一步就是与合适人选进行薪酬谈判。试问，薪酬谈判的作用有哪些？当录用人员时，你该如何做薪酬谈判？

11.3 国际化薪酬管理

11.3.1 国际化薪酬管理的基本模型

在国际化过程中，各个国家的薪酬管理理念和管理技术通过各种传播载体在全球范围内传播，并和不同国家的薪酬管理理念、技术相互交流、碰撞，最后融合、发展。薪酬管理国际化是指一个国家的薪酬面向国际社会，把国际的、跨文化的、全球的观念融合到薪酬理念、制度和技术等各项管理和设计中去的一种趋势、过程和状态。

国际化薪酬管理的基本模型如图 11-2 所示。

11.3.2 国际化薪酬方案设计要考虑的因素

国际化薪酬可以直接影响企业在世界市场上竞争的战略方向，并在某种程度上影响企业战略的成功。一个企业中的国际化薪酬方案对企业文化有着巨大的影响，对企业薪酬竞争力作用巨大，也对成功实现企业战略目标起着重要的作用。因此，企业在设计国际化薪酬时必须考虑以下因素。

1. 人员类别的复杂性

国际化薪酬方案的对象包括东道国国民、第三国国民和驻外人员，薪酬专业人员应准确理解这3类人员的区别。

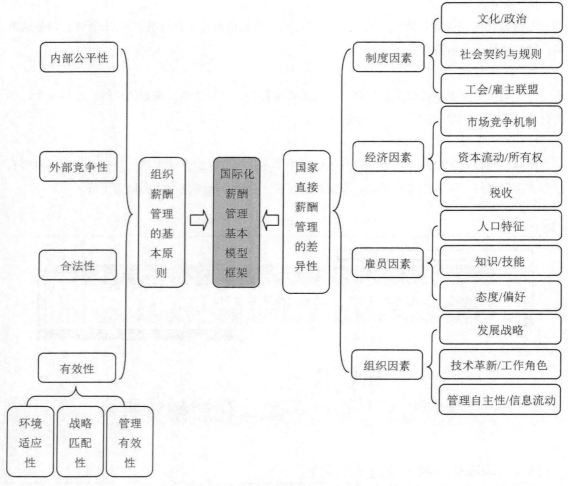

图 11-2　国际化薪酬管理的基本模型

东道国国民是在本国的母公司工作的母国公民。第三国国民是在母国公司海外开设的分公司或办事处工作的外国公民。驻外人员是母国公司聘请的工作岗位在国外的母国公民。

2. 符合适用国家的相关薪酬法律法规规定

国际化薪酬方案设计必须符合适用国家相关工资、薪酬支付等法律法规的规定，同时要遵循相关国家行业、工会的管理规定。

3. 薪酬构成的复杂性

国际化薪酬的构成不仅要考虑工作年限、人员流动性、工作能力和工作态度等问题，更重要的是考虑边缘薪酬和额外福利薪酬构成中的比例。边缘薪酬是指非货币奖励，包括所有提供非工作时间报酬、员工服务和保障计划。额外福利包括搬家补助、报销驻外人员子女教育的费用、离家补休与报销差旅费用和修整假期及津贴等。

4. 归国因素对薪酬方案的影响

归国是指从在国外工作和生活转回到母国工作和生活的过程。国际化薪酬方案指在员工完成国外的任务时为其提供回到母国生活的平稳过渡。

【微课堂】

A 公司是一家机械设备加工企业,目前拟在东南亚某国家开设工厂(作为生产基地)。请你参照本节内容,设计一个国际薪酬设计方案。

复习与思考

1. 请简述企业加薪的步骤和方法。
2. 企业实施加薪时应注意哪些事项?
3. 企业降薪时遵循的原则是什么?
4. 企业实施降薪操作时可采取哪几种方式?
5. 什么是薪酬谈判?
6. 请简述国际化薪酬管理的基本模型。

知识链接

4 招搞定面试薪酬谈判

面试时,薪酬谈判是一个不可避免的环节,这个环节也是招聘人员与应聘者智慧较量的环节。招聘人员需要按照公司的薪酬体系将人才招聘进来,而不是以应聘者满意的薪酬把人招聘进来。因此,招聘人员必须掌握一定的薪酬谈判技巧,具体如图 11-3 所示。

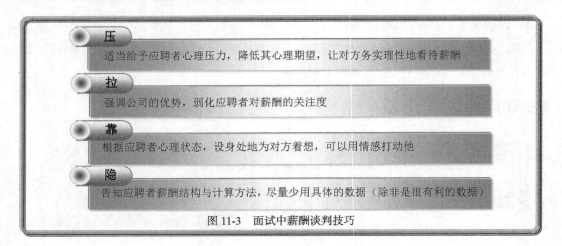

图 11-3　面试中薪酬谈判技巧

技能实训

设计一份新员工的调薪表

A 公司是一家专门从事展览展示工程、国内外展厅、科技馆、博物馆等工程的设计与施工，国内各种商业环境陈列展示等专业服务一体化公司。公司现在需要对试用期结束的员工进行调薪，请你根据下面某公司的调薪表，设计一份新员工调薪表（见表 11-4）。

表 11-4　　　　　员工调薪表

姓名		部门		职位		入职时间	
学历		职称		目前薪资		转正日期	
调薪原因	□ 试用期结束　□ 调职调薪　□晋升调薪　□ 年度调薪　□ 其他						
变动指标	调薪前			调薪后			
职位							
职位等级							
基本工资							
奖金							
津贴							
福利							
其他							
自我评价							
部门经理评价							
人力资源部经理				总经理			